LIEBE LIEBER ANALOG

Gewidmet ist dieses Buch all denjenigen,
die den Mut noch nicht verloren haben.
Weiter so!

Anne Dreesbach

LIEBE LIEBER ANALOG

99 OFFLINE-DATING-IDEEN

SCHWARZKOPF & SCHWARZKOPF

INHALT

HANDY WEG!

Einleitung

An Silvester (ja, hallo Klischee, aber man kommt ja kaum umhin, am letzten Tag des Jahres über sein Leben nachzudenken, oder?) war ich derart entnervt von meiner Affäre mit einem schnieken Architekten in Berlin, weil diese zwar wirklich Spaß gemacht hatte, aber keineswegs in die verlässliche Art von Beziehung mündete, die ich mir eigentlich wünschte, dass ich beschloss, Ernst zu machen.

Ich würde mir im neuen Jahr einen Mann suchen. Mit allen mir zur Verfügung stehenden Mitteln, offline und online. Und ich habe das tatsächlich in die Tat umgesetzt und weder Kosten noch Mühen gescheut: Ich habe mich bei Elitepartner angemeldet, bei den Münchner Singles und später im Jahr auch bei Tinder. So hatte ich mindestens ein Blind Date im Monat. Dazu habe ich Kurse belegt, einen Yogakurs, einen Töpferkurs, ich war auf einer Aktmalwoche und habe natürlich gearbeitet, mich um meine Familie gekümmert und so weiter.

Und bei alldem habe ich eine exakte Strichliste geführt: Wie viele Männer habe ich pro Monat kennengelernt? Wobei ich darunter natürlich nicht jede zufällige Begegnung verstand, sondern jede, aus der sich etwas hätte entwickeln können. Und obwohl ich vorher hätte schwören können, dass man im normalen Leben überhaupt keine Männer kennenlernt, musste ich schon nach drei Monaten feststellen, dass das überhaupt nicht der Wahrheit entsprach:

Vom Handwerker im Haus über den Steuerberater, den Anwalt, Geschäftskontakte bis hin zu Vätern von Kindern, mit denen meine Kinder zu tun haben.

Kursteilnehmer, Freunde von Freunden, die Zahl der analog kennengelernten Männer war selbst in Monaten wie Februar oder März, die zumindest bei mir nicht gerade zu den sozial überbordenden Monaten gehören, ein Zehnfaches davon, was ich bis dahin erlebte hatte. Ja, okay, ich bin da nicht die tatkräftigste Teilnehmerin, aber ein bisschen chattet man ja doch hin und her, bevor man sich zu einem Date verabredet, nicht jeder hat dauernd Zeit, es gibt Urlaube, und manchmal hat man auch den Online-Frust (weil das alles nicht so klappt, wie man es sich vorstellt, doch dazu später mehr). Und wenn man dann noch bedenkt, dass es einfach viel mehr Spaß macht, Menschen analog kennenzulernen, und man zudem auch noch was für seine Hobbys, Weiterbildung oder einfach zum Vergnügen macht, während ganz sicher nicht jedes Blind Date ein Vergnügen ist, sehe ich keinen Grund, dem analogen Vorgehen nicht den Vorrang zu geben.

Ich fing an, mit den Menschen darüber zu sprechen. Über mein Projekt, über den Unterschied zwischen analog und online. Wie sie das mit dem Dating gemacht hatten. Wie sie es gerade versuchten. Und nach und nach stellte ich fest, dass dieses Thema wirklich für alle Menschen ein Thema ist. Also kam mir die Idee, ich könnte ein Buch darüber schreiben, wie man eigentlich Menschen kennenlernen kann. Keinen Ratgeber, wie man sich verändern kann und soll oder wie man flirten lernt, sondern einfach ein Buch mit Vorschlägen, wo und wie man in Kontakt mit neuen Leuten kommen kann.

Im Grunde könnte ich euch aber auch einfach einen Zettel zuschieben. Auf dem würde in etwa stehen: Handy weg! Traut euch raus ins analoge Leben! Seht euch um! Quatscht Leute an, macht euch lächerlich, lasst euch nicht unterkriegen! Und ich verspreche euch, ihr werdet den exakt zu euch passenden Lebenspartner finden. Dass es dennoch nicht immer ein »happily ever after« gibt, wisst ihr ja, oder?

Aber so leicht will ich es mir dann doch nicht machen. Denn ich glaube, wenn ich jetzt an die 300 Seiten zu diesem Thema schreibe und das Ganze in ein echtes, gedrucktes Buch gepackt wird, werdet ihr den Vorschlag irgendwie ernster nehmen und mir glauben. Schließlich hat ein richtiger Verlag dieses Buch produziert, nicht nur digital, sondern echt und gedruckt, sodass ihr es wirklich in den Händen halten könnt. Und so bekommt das irgendwie alles mehr Gewicht. Denn ich würde mir von Herzen wünschen, dass ihr meinem Rat folgt. Und deswegen mache ich das jetzt. Ich schreibe das Buch. 99 Tipps, eine Einleitung und Interviews mit Menschen, die etwas Interessantes zu diesem Thema zu sagen haben … In der Hoffnung, dass ihr mir glaubt und loslegt.

Viel Spaß beim Lesen! Und dann viel Erfolg beim Anwenden der Tipps! (Den werdet ihr haben. Versprochen!)

Eine Anmerkung: Ich bin noch ohne Gendern groß geworden. Also verzeiht mir, wenn es hier nicht akribisch durchgezogen wird. Bitte verzeiht mir auch die Verwendung von Klischees. Tatsächlich habe ich meine Doktorarbeit über Stereotypen und Klischees geschrieben und gehe gerade deswegen wahrscheinlich so locker mit ihnen um. Ich verwende sie als Stilmittel, als Verdeutlichung von Zuständen, für die ich sonst viele Worte verlieren müsste. Mir ist klar, dass dazu auch das Klischee zählt, Frauen würden ayurvedisch kochen, während Männer Steaks grillen. Aber wenn ich schreibe, dass man beim Auswählen beispielsweise von Kochkursen eben auf diese Tatsache achten sollte, dann wisst ihr doch sofort, was gemeint ist, oder? Also verzeiht mir auch das! Und: Das Buch ist ausdrücklich für Menschen aller sexuellen Orientierungen und aller Altersstufen gemeint. Da gibt es meines Erachtens überhaupt nichts, was für irgendwen nicht geht. Einfach ausprobieren!

Vielleicht schreibe ich jetzt erst mal, was dieses Buch ist und was es nicht ist. Es ist keine Abschleppanleitung. (Hinweis an die Damen: Wer sich damit noch nicht auskennt, googelt mal »Pick-up Artists«. Ob das in Ordnung ist, sei dahingestellt, aber die, die etwas anderes suchen, sollten gewarnt sein!) Dieses Buch wird euch nicht sagen, wie ihr attraktiver werden könnt, welche Klamotten ihr tragen müsst, wie man flirtet oder welche Traumata aus eurer Kindheit ihr aufarbeiten müsst, um einen Partner zu finden. Es offeriert nicht 365 Fragen, mit denen ihr euch bei Dates näherkommen sollt. Es wird euch weder sagen, dass Frauen nicht mehr das sind, was sie mal waren, und auch nicht die Männer. Es wird euch auch keine Möbelaufstellungsanleitungen für eure Wohnung geben, keine Meditationen, keine Hypnose, womit ihr euren Geist umprogrammieren könntet, keine Anleitung, wie ihr einen Partner in euer Leben hineinwünschen könnt. Dabei will ich gar nicht sagen, dass diese Dinge keine Berechtigung haben, im Gegenteil; das kann alles bei der Partnersuche helfen, und jeder sollte sich fragen, in welcher Weise er oder sie eben auch nur ein zugegebenermaßen sympathischer Freak ist, der vielleicht das ein oder andere ändern könnte oder sollte, wenn er einen Partner sucht. Aber mich treibt eben die eine Frage um: Was, wenn es doch vor allem den Zufall braucht? Wenn man, egal wie schön, charmant, berühmt, reich, erfolgreich, geistreich etc. man ist (und sind wir das nicht alle?), eben trotzdem noch nicht dem richtigen oder dem passenden Partner begegnet ist? Denn seien wir mal ehrlich: Kennen wir nicht alle sehr viele schräge Typen, die einen Partner gefunden haben? Und haben wir nicht alle schon erlebt, wie wir selbst, Bekannte oder Freunde Partner an Land gezogen haben, als sie nicht gestylt beim Bäcker waren, als sie überhaupt keinen Partner gesucht haben, sogar während sie in einer eigentlich glücklichen Beziehung steckten? Und legt das nicht die Annahme nahe, dass eben doch der Zufall, die höhere Bestimmung, Kismet oder wie immer wir es nennen wollen, dafür sorgt, dass wir einen Partner finden? Und bedeutet das nicht im Umkehrschluss, dass wir dem Schicksal einfach die Möglichkeit geben müssen, uns diesen Partner sozusagen zuzuführen? Ihn uns finden lassen oder umgekehrt?

Und stimmt es eigentlich wirklich, dass erfolgreiche Frauen keine Männer finden, weil sie erfolgreich sind? Oder liegt es nicht viel eher daran, dass sie sich vielleicht sehr mit ihrer Karriere beschäftigen und in diesem abgesteckten Feld eben nicht als Frau, sondern eher als Geschäftspartnerin wahrgenommen werden? Gerade lese ich, dass Adele wieder Single ist. Aber sie wird ab jetzt auch nicht einfach durch die Kneipen ziehen, um einen Mann zu finden, oder? Und die ganzen Promis, die mit anderen Promis zusammen sind? Oder mit ihrem Fitnesstrainer? Oder mit ihrem Babysitter? Das ist eben das Umfeld, in dem sie leben, oder? Und dort werden Partner gefunden.

Und noch ein Argument: Sind wirklich die Singles, die wir sind und die wir kennen, die schrägeren Menschen? Und die, die in Beziehungen leben, sind eben die besseren, schöneren, klügeren Leute ... Ihr wisst schon, was ich meine? Ich denke nicht, dass das so ist. Ich denke einfach, dass die, die in einer Beziehung leben, sich am richtigen Ort zur richtigen Zeit begegnet sind. Oder eben am falschen Ort und zur vollkommen falschen Zeit, weil das nämlich gar keine Rolle spielt.

Für mich ist diese These, also dass es einfach den Zufall braucht, um sich zu treffen, so klar, dass ich mich frage, warum sie nicht öfter diskutiert wird. Weil zu viele Menschen Geld mit den armen Singles verdienen wollen? Mit Coachings und Selbsthilfegruppen und Büchern und Hörbüchern und Websites und Trainings? Habt ihr euch schon mal diese ganzen gruseligen Beratungswebseiten angesehen, wo man für viel Geld schlechte Bücher erwerben kann? (Natürlich habe ich für die Recherche zu diesem Buch auch eines gekauft! Und auch, wenn ich ehrlich bin, weil ich wirklich neugierig war!) Und dann lese ich nun also in einem solchen richtig teuren Buch, dass ich mich rar machen soll, dass ich immer ewig warten soll, bis ich auf die WhatsApp-Nachricht eines Mannes antworte, dass ich ihn in der Sicherheit wiegen soll, dass ich ihn gar nicht richtig will, und das hat mich dann so umgetrieben, dass ich mir das Buch auch für Männer gekauft habe, und da steht genau dasselbe drin!!! Wenn aber nun beide ewig warten, um auf eine WhatsApp-Nachricht zu antworten, sich rar machen und sich ein glückliches Single-Leben aufbauen, dann verdienen eben nur diese Coaches daran, die einem sagen wollen, wie man sein Singledasein zu führen oder zu beenden hat.

Oder ist diese These einfach zu banal?

Vielleicht will aber auch nur niemand zugeben, dass wir tatsächlich zu viel Zeit vor dem Fernseher, vor dem Rechner, vor dem Handy verbringen? Dass wir weit weniger Zeit in Gesellschaft verbringen, von der Arbeit einmal abgesehen, als noch unsere Eltern und Großeltern? Ich war auf der Konferenz »re:publica«. Dort meinte die Pressefrau von Schwarzkopf & Schwarzkopf, die reizende Ulrike Bauer, ich sei jetzt wohl ins Feindesland übergelaufen, als ich ihr von meinem Buch, meiner These erzählte. Gerade ich könnte mich doch unmöglich auf einer Tagung zur digitalen Zukunft herumtreiben.

Nein, ich bin nicht ins Feindesland übergelaufen, aber mich interessiert das Thema. Und mich hat vor allen Dingen fasziniert, dass es beinahe unmöglich war, auf dieser Veranstaltung jemanden kennenzulernen. Alle waren in jeder freien Minute mit ihren digitalen Medien beschäftigt. Und doch endete beinahe jeder Vortrag damit, dass man sich wieder dem Analogen zuwenden solle, sowohl im Privatleben als auch in der Arbeitswelt. Statt Homeoffice zurück ins Büro, zurück zu den Kollegen, zurück zum echten Austausch. Und das gilt wohl auch fürs private Leben. (Nichtsdestotrotz hat ein Mann eine Frau angesprochen, während wir beide auf dem sogenannten Affenfelsen, einer Konstruktion aus Sitzmöglichkeiten und Steckdosen, saßen und auf unsere Handys starrten, dass er doch wohl gerade neben ihr im Vortrag von sowieso saß und so weiter und so fort, und bald waren die beiden tatsächlich in ein gutes Gespräch versunken. Selbst in der krassesten digitalen Welt ist also Analoges möglich!)

Und ich darf auch auf die »re:publica« gehen, weil ich viele digitale Dinge liebe: Ich liebe mein Handy, das irgendwie alles kann, ich liebe WhatsApp, weil man mit den Leuten in Kontakt kommen kann, wann immer es einem und ihnen eben in den Kram passt, nicht wie früher am Telefon, wo man dann so und so oft nicht hingegangen ist, weil es gerade eben nicht gepasst hat. Ich bekomme gerne Fotos aus Urlauben und von Kindern und von Hochzeiten zugeschickt. Ich bin Instagram-süchtig und schaue gerne im Internet nach, in welches Hotel ich reisen soll, wo ich essen oder in welche Kneipe ich gehen soll. Aber ich weiß auch, welche Gefahren im Digitalen lauern: nämlich die Idee, man hätte ein Leben, obwohl das zu großen Teilen eben gar nicht der Fall ist. Weil sich das Leben nur im digitalen Raum abspielt, weil schnell alles zur Oberfläche wird, die gar nicht mehr tiefer geht, weil Tiefergehen ganz einfach nur analog funktioniert?

Also, was macht nun dieses Buch? Es wird euch wirklich nur Ideen an die Hand geben, wie ihr im echten Leben da draußen Menschen kennenlernen könnt. Damit ihr sehen könnt, dass es wirklich funktioniert, gibt es Interviews mit Personen aus meinem Umkreis, die ihre Liebe analog gefunden haben (ihr kennt doch sicher auch zahlreiche Geschichten!) – und mit Menschen, die es sich zum Beruf gemacht haben, uns dabei zu helfen in der analogen Welt ins Gespräch zu kommen. Und ich meine damit nicht einmal, dass ihr nur nach Traumpartnern Ausschau halten sollt, sondern, dass es sich lohnt, Menschen überhaupt kennenzulernen. Die Welt ist so vielschichtig und hat so viele Arten von Menschen zu bieten, und von den meisten kann man etwas lernen, die meisten machen Spaß (sofern man sie unter dem richtigen Blickwinkel betrachtet), man findet Freunde, Ideen, Austausch, Hilfe, Vergnügen und Leute, mit denen man ein Glas Wein trinken kann. Man erweitert seine Kreise, seine Sichtweisen, seinen Input. Das lohnt sich!

Die Lage ist ernst

In Regensburg, das damit Spitzenreiter in der Bundesrepublik ist, lebt in 56,4 Prozent der Haushalte nur ein Mensch. Auf Platz 2 befindet sich Würzburg mit 53,5 Prozent, gefolgt von Leipzig mit 52,6 Prozent, Passau mit 52,3 Prozent und Flensburg mit 51,8 Prozent. Der Bundesdurchschnitt bei den Einpersonenhaushalten liegt derzeit bei immerhin 37,9 Prozent. Berlin (49 Prozent), das bislang unter den deutschen Großstädten immer als die Single-Hochburg galt, wurde jetzt von München mit 50,1 Prozent und Köln mit 49,8 Prozent abgelöst. JEDER ZWEITE MENSCH IN BERLIN, REGENSBURG, HAMBURG ODER MÜNCHEN IST DEMNACH SINGLE!!! Also, das stimmt so nicht ganz, das sind jetzt nicht alles einen Partner suchende Singles, denn da gibt es die älteren Menschen, deren Lebenspartner gestorben ist und die keinen neuen Partner möchten, da gibt es alleinerziehende Menschen, die wegen der Kinder in ihrem Haushalt nicht als Singles zählen, da gibt es WGs, die aus Singles bestehen, aber eben nicht als Single-Haushalt zählen, und es gibt Singles, die gerne Singles sind. Und es gibt Menschen, die zwar in einem Single-Haushalt leben, aber keine Singles sind. Aber im Großen und Ganzen stimmen diese Zahlen.[1] Waren es 1991 noch 12 Millionen Single-Haushalte, so stieg die Zahl bis heute auf 17 Millionen. Seit 1972 hat sich der Anteil der Singles bei den 30- bis 50-Jährigen mehr als verdoppelt! Hhhhmmmmm … Was machen wir nun mit dieser Zahl?

Wir können es positiv sehen

Wenn man auf der Partnersuche ist, ist es ja gut, wenn es möglichst viele Singles gibt. Kleiner Scherz. Wir können es aber auch dramatisch betrachten. Sind sie glücklich? Jedenfalls seid ihr nicht glücklich, denn sonst hättet ihr dieses Buch nicht gekauft.

Man stellt sich das Single-Leben ja im Allgemeinen so vor: Wenn man Lust hat, lümmelt man tagelang im Jogginganzug vor dem Fernseher herum, es gibt keinen Streit über herumliegende Socken, über die Planung der Freizeit, das Haushaltsgeld oder ungewaschenes Geschirr. Flirts und Affären sind an der Tagesordnung, ein aufregendes Leben eben. Während die Gesellschaft vor circa 30 Jahren die Singles noch mitleidig betrachtete und böse Vokabeln für sie übrig hatte wie »Hagestolz«, »alte Jungfer« oder gar »alte Schachtel«, so gibt es heute zahlreiche Stimmen, die die Singles feiern, so wie etwa die Psychologieprofessorin Eva Jaeggi in ihrem Bestseller *Ich sag' mir selber guten Morgen*.

Das ist eine Entwicklung, die super ist, denn es sollte wirklich jedem selbst überlassen bleiben, ob er allein oder in einer Beziehung leben möchte. Und niemand möchte mitleidige Blicke ernten, weil er Single ist, oder nur als vollständig gelten, wenn man zu zweit auftaucht. Aber ihr, liebe Leser, wollt offensichtlich keine Singles sein. Und dafür gibt es Gründe. Und auch, wenn ihr sie kennt, hier seien sie noch mal aufgezählt, sagen wir, um eure Motivation zu stärken. Zunächst sind wir quasi immer noch Steinzeitmenschen, die sich nach Geborgenheit in der Gruppe sehnen.

Die Gruppe kümmerte sich um die alten Menschen und zog die Kinder auf, man schützte sich vor Raubtieren und wärmte sich gegenseitig im Winter. Und der Homo sapiens gewöhnte sich damals (leider?!?) schon an, gestresst zu sein, wenn er alleine war, weil er wusste, dass ihm dann eben diese Vorteile der Gruppe fehlten. Und so belegen zig Studien medizinischer und psychologischer Art: Wer ohne feste Bindung lebt, ist unzufrieden, weniger stressresistent und hat eine schwächere Immunabwehr als Menschen, die in einer Partnerschaft leben. Menschen ohne Bindung überstehen seltener Krebs, begehen öfter Selbstmord, schütten bei Prüfungen mehr Cortisol (ein Stresshormon) aus. Singles sterben auch früher. Auch das ist wissenschaftlich erwiesen. Wahrscheinlich verträgt sich das Single-Leben also nicht mit unserem biologischen Erbe.[2]

Gut, diesen dramatischen Entwicklungen kann man mit einem stabilen sozialen Netz entgegenwirken. Es gibt ja immer noch die Familie, es gibt Freunde, es gibt Kollegen. Aber das ist eben nicht DER eine Partner. Denn mit allen anderen hat man keinen Sex, kriegt man keine Kinder. Denen gegenüber ist man zwangsläufig eben doch nicht immer man selbst. Und wenn plötzlich alle eigene Familien haben, dann ist man »übrig«.

Ich brauche euch ja nun nicht wirklich zu sagen, was am Single-dasein schrecklich ist: die Hochzeiten, auf die man ohne Partner geht. Die glücklichen anderen Paare. Die knutschenden Paare. Die total glücklichen Paare mit Kindern. Alte Paare, die immer noch Händchen halten. Ja, das ist der Neid. Und man sollte nicht neidisch sein. Aber wenn wir mal ganz ehrlich sind, so ist man eben neidisch. Die Fragen im Bekanntenkreis: Bist du immer noch nicht verheiratet? Filme wie *Bridget Jones* schöpfen ihr Potenzial allein aus dieser Situation. Dass man Sehnsucht nach dem Gefühl des Verliebtseins hat. Dass man jemanden haben möchte, der zu einem gehört. Der, Achtung, auch hier wieder ein Klischee, mit einem durch dick und dünn geht. Der einen auch mit Gesichtsmaske und unrasiert liebt. Wobei Letzteres für Männer wie für Frauen gelten sollte. Jemanden, der einen tröstet, wenn es mal so weit ist. Mit dem man gemeinsame Lieder, gemeinsamen Humor, eine gemeinsame Vergangenheit teilt. Irgendwann alt wird. Oder von dem man sich zumindest vorstellen kann, dass man mit ihm alt wird. Mit dem man eventuell eine Familie gründen will. Oder sich eben dagegen entscheidet. Was man sowieso nur kann, weil man dann immer noch zu zweit ist. Doch Schluss! Ich will aufhören, in den Wunden zu bohren. Ich wollte euch nur noch mal daran erinnern, warum es jetzt wirklich an der Zeit ist, jede Menge Esprit und Energie in euer Partner-such-Projekt zu investieren! In Wirklichkeit sollte man nämlich über all die genannten Faktoren kein Trübsal blasen, sondern sich klarmachen, dass man eben einen Partner möchte. Dass man diesen Punkt im Leben ändern möchte. Und dass man jetzt alle möglichen Anstrengungen unternehmen wird, um eben dies zu ändern. Dass es auch Spaß machen wird, ein so großartiges Projekt anzugehen, das einen zu größtmöglichem Glück führen wird, der Weg dahin genauso wie das Ziel. Ihr macht euch jetzt auf den Weg. Und das ist prima! Auch weil, wenn Menschen sich zu Paaren zusammenfinden, Wohnungen frei werden.

Warum nun aber offline statt online?
Das große Onlinedating-Bashing, einfach weil es Spaß macht ODER: Was am Onlinedating total gruselig ist

Ja, ich weiß: In den USA lernen sich inzwischen bereits zwei Drittel der neuen Ehepaare im Internet kennen. Aber muss das deswegen auch bei uns bald so sein? Und ist das der richtige Weg für die Zukunft? Ich glaube nein, und dafür habe ich meine Gründe:

Zunächst einmal: online nervt. Man hat endlose Blind Dates mit dem immer gleichen Ablauf: geistreich chatten, Bilder freigeben (oder auch in umgekehrter Reihenfolge), noch mehr chatten (natürlich nur falls die Bilder auf Zustimmung treffen), weiterchatten, sich treffen – nur um dann festzustellen, dass es wieder nicht klappt. Der Zeitaufwand dabei ist schon enorm, der Frust noch enormer.

Oder man geht gleich zu Tinder, wo die Menschen endgültig Warenhauscharakter haben. Gefällt mir, gefällt mir nicht, nur aufgrund von Äußerlichkeiten und ganz wenigen Daten, die oft noch nicht einmal der Wahrheit entsprechen? Und ein Hinweis für die

Damen: Man munkelt, auf Tinder sind 70 Prozent der Teilnehmer Männer. Das erhöht zwar die Chancen für die Damen, aber die Männer müssen zwangsläufig auf jedes Angebot eingehen, das ihnen gemacht wird. Wie viele Menschen hier ausschließlich auf Sex aus sind, sei einmal dahingestellt: Aber bei meinem Fake-Männer-Profil, mit der Einstellung Interesse an allen Geschlechtern, erstaunten mich nicht nur zahllose Männer mit nacktem Oberkörper, die sich ohne Kopf präsentieren (im Guten will ich mal annehmen, dass das nur deswegen der Fall ist, weil sie nicht erkannt werden wollen), sondern auch zahllose Frauen, die sich im Bikini auf Motorhauben rekeln.

Dass sich über Parship »alle 11 Minuten ein Single verliebt«, hat sehr viel Spott hervorgerufen, und dass das noch immer nicht ernst genommen werden kann, dürfte klar sein. Ich liebe vor allem die Reaktion von Astra, die eine Werbung schalteten, die ziemlich abgewrackte Typen in Hamburger Kneipen zeigt, die sich alle 11 Minuten über Astra verlieben. Und ich liebe auch den Witz, in dem davon die Rede ist, dass der eine Single, der sich alle 11 Minuten über Parship verliebt hat, jetzt leider dort ausgeschieden ist. Wie auch immer: Jetzt habe ich gerade über den Warencharakter bei Tinder gespottet, aber dass man die Profilfotos bei anderen Dating-Plattformen gar nicht sieht und man sich dann seine Schlüsse aufgrund eines Textes, den jemand über sich selbst geschrieben hat – und wir alle wissen, wie ehrlich man ist, wenn man über sich selbst Auskunft geben soll, im Guten, wie im Schlechten –, ziehen muss, kann doch für Erwachsene auch nicht wirklich eine Möglichkeit sein.

Nichtsdestotrotz gibt es Dating-Apps für Millionäre, Hundefreunde, Science-Fiction-Fans, Vegetarier, Veganer, Seeleute, große und dicke Leute, für Jäger, Angler, »absolute beginners« (Menschen, die noch niemals Sex hatten), für Männer, die gerne ein Foto ihres besten Stücks anpreisen wollen, und für solche, die nur nach Gehaltsklassen gehen, für Asexuelle, für Menschen, die gerne angeben, was sie hassen, für Grufties, Hochsensible, Schnurrbartträger und deren Bewunderer, welche für Europäer, die ein Date mit einem Asiaten oder einer Asiatin suchen und, und, und … In den USA findet das übrigens noch weitaus differenzierter statt: Man kann sich per App auf Flughäfen verabreden, auf denen man zu einem ähnlichen Zeitpunkt landet, oder sich über die Benennung von Allergien suchen und finden.

Und natürlich habe ich das am eigenen Leibe ausprobiert – und wäre es auch nur zu Recherchezwecken für dieses Buch gewesen … Ich habe nicht einmal besonders schlechte Erfahrungen gemacht, ich habe nur jede Menge völlig verzweifelte Menschen getroffen, die nach Liebe und Geborgenheit suchen und sie über diese Plattformen aber auch nicht finden. Ich habe Männer getroffen, die gnadenlos ihr Alter gefälscht haben, damit sie bei Tinder noch in die »unter-50-Gruppe« kommen. Männer wie Frauen polieren ihre Profilbilder auf und tischen, ich will es mal nicht Lügen nennen, aber doch zumindest Unwahrheiten auf. Für mich, spießig wie ich bin, stellt sich da schon die Frage, wie ich eine Beziehung mit jemandem eingehen soll, der sich auf einem Online-Profil fünf Jahre jünger macht. Und ja, ich höre jetzt all eure Stimmen: Diese Freundin hat dort jemanden kennengelernt, und jener Freund hat jemanden kennengelernt, und die haben geheiratet, und die Kollegin meiner Mutter und die Cousine meiner Tante … Und bitte immer genau zuhören: Besagte Freundin hat vier Jahre lang Onlinedating gemacht und dabei über 200 Männer kennengelernt? Dass dann endlich der Richtige dabei war, mag ja sein, aber wollen wir das auch?

Und ja, man hat so viel Auswahl wie nie zuvor in der Geschichte der Menschheit: Laut der GEO aus dem Jahr 2016[3] loggen sich täglich rund acht Millionen Menschen auf einem oder mehreren Dating-Portalen ein, und 17 Prozent der Menschen haben schon einmal einen Partner im Internet (inklusive Social Media) gefunden. Der Markt wächst und wächst, pro Jahr um etwa zehn Prozent.

Und die Anbieter machen riesige Gewinne. ACHTUNG: Welches Interesse sollte man dort eigentlich haben, dass sich möglichst viele Menschen finden? Und ja, das wird alles durch einen Algorithmus ermittelt, aber was bedeutet das eigentlich? Da ist mir ja fast Tinder lieber, wo man dann eben Menschen aufgrund ihrer Optik oder ihrer spärlichen Beschreibung aussortiert, aber wenigstens kann man alle sehen, die Interesse haben, und bekommt keine Vorauswahl von einer Maschine vorgesetzt.

Analog vs. online

Im analogen Leben lernt man sich mithilfe von archaischen Strukturen und Mechanismen kennen und lieben, vor allem über unbewusste Sinneseindrücke, wie etwa die Form eines Gesichts, den Klang einer Stimme oder den Geruch eines Menschen. Und die Ergebnisse dieser Wahrnehmung bestimmen, ob wir einen Menschen attraktiv finden, und zwar viel entscheidender als Beruf, Einkommen oder Lieblingstier.

Aber da man sich online zunächst überhaupt erst mal für jemanden entscheiden muss, um zu überprüfen, ob er auch im echten Leben für einen attraktiv ist, legen wir Hürden an, die im echten Leben vielleicht gar keine wären, eben Bildungsgrad, Gehalt etc. Macht euch mal den Spaß und fragt Freunde, die in einer glücklichen Beziehung leben, vor allem die etwas Älteren, ob sie ihren Partner auch auf Tinder ausgewählt hätten. Ihr werdet sehen: Es gibt viel zu kichern, und sehr viele Menschen werden zugeben, dass sie ihren Partner nach links »geswipt« hätten; während sie im echten Leben seinem Auftreten, dem Klang seiner Stimme, einem intelligenten oder charmanten Satz, den er oder sie gesagt hat, vollkommen erlegen sind. Der US-amerikanische Psychologe Dan Ariely von der Duke University, der menschliche Entscheidungsprozesse erforscht, vergleicht nicht umsonst Onlinedating mit einem Gericht, bei dem man zunächst nur die Zutatenliste lesen darf. Und erst wenn man sich für eines entschieden hat, darf man es probieren: »Man hat zwar eine ungefähre Ahnung, wie es schmecken wird, aber erst wenn man es probiert, weiß man wirklich Bescheid.«

Die Qual der Wahl

Und nur aufgrund dieser »Zutatenliste« soll man sich nun für einzelne Gerichte entscheiden? Man hat die Qual der Wahl. Menschen, die Onlinedating machen, schauen sich im Durchschnitt nach jedem Einloggen circa 200 Profile an. Das ist mehr, als man überhaupt verarbeiten kann. Und das große Angebot erschwert es den meisten Leuten, sich überhaupt für jemanden zu entscheiden. Und deswegen sind sie dann auch unzufrieden mit ihrer Wahl. Und selbst wenn sie mit ihrer Wahl zufrieden sind, bleibt die Vermutung und der große Horror, dass man vielleicht eben doch noch nicht die richtige Person aus diesem riesigen Angebot gewählt hat.

Es gibt ja noch viel mehr Leute. Und noch viel mehr Dating-Apps. Ein reizender Mann, den ich über Tinder getroffen habe, sprach auch von einer Art Sucht. Man muss immer weitermachen. Man muss immer suchen, ob sich noch etwas Besseres findet. Ja, den Spruch hatten auch schon unsere Großeltern (»Drum prüfe, wer sich ewig bindet, ob sich nicht doch was Bess'res findet!«), aber früher reichte es dann eben, sich in der echten Welt um einen herum umzusehen. Und das beeinflusst ja auch die Beziehungsfähigkeit, denn dann ist man irgendwann einfach nicht mehr beziehungsfähig. Heute muss man die Dating-Apps dieser Welt abgrasen. Und das kann niemand leisten. Studien zeigen, dass der typische Online-Suchende circa 12 Stunden pro Woche Profile ansieht und E-Mails und WhatsApp-Nachrichten schreibt. Das bringt ihm dann pro Woche circa 1,8 Stunden Verabredungen ein. Das heißt, dass es mehr als einen Arbeitstag kostet, um einen Kaffee mit einem potenziellen Kandidaten trinken zu können. Nicht gerade effizient, würde ich sagen. Und ich muss noch mal auf die vermaledeite Zutatenliste zu sprechen kommen: Frauen suchen Männer, die groß sind und Geld verdienen. Männer suchen junge Frauen. Klar, dass kleine Männer und Frauen über 30 schnell aus dem Raster fallen. Und weder Frauen noch Männer schenken den Profiltexten besondere Aufmerksamkeit. Alles entscheidend ist das Foto. Wir wissen doch aber längst alle, dass ein Foto nicht diese Aussagekraft hat: Wir sehen nicht wirklich, ob der Mensch nett oder klug oder charmant ist. Und wie viele Paare würden von sich sagen, dass sie ihren Partner nie gewählt hätten, wenn sie ihn online gesehen hätten, einfach weil sein Äußeres nicht ihrer Vorstellung entspricht?!?

Und eines erscheint mir auch ganz wichtig: Im analogen Leben lernt man Leute schrittweise kennen. Man lernt sie kennen, sagen wir mal im Italienischkurs, und trifft sie dann jede Woche. Man geht nach dem Kurs zusammen was trinken, man verreist als Gruppe oder verabredet sich zu anderen Aktivitäten. Und Schritt für Schritt lernt man sich kennen, im echten Leben, nicht beim Show-off während eines Dates, sondern man sieht, wie der Mensch sich in speziellen Situationen verhält, beispielsweise wenn es Stress gibt, wenn er nicht gut drauf ist, wenn man gemeinsam im Ausland ist. Und plötzlich stellt man dann vielleicht fest, dass einem dieser Mensch ganz gut gefällt und dass daraus mehr werden könnte. Und das ist doch einem Onlinedate, bei dem die Entscheidung: Will ich sie oder ihn wiedersehen, wie ein Damoklesschwert über dem ganzen Abend schwebt, auf jeden Fall vorzuziehen. Zudem wir auch noch mal über Liebe auf den ersten Blick diskutieren könnten: Gibt es das wirklich? Mir ist sie nicht begegnet, ich hänge trotzdem gern diesem romantischen Gedanken nach. Aber hat nicht gerade diese Liebe schweres Spiel, wenn beide Partner sich bei einem online verabredeten Date abchecken, ob auch wirklich alles stimmt? Ob die Voraussetzungen gegeben sind, dass es zu einem zweiten Date kommt? Und ob nicht doch irgendwo im Internet noch ein Besserer oder eine Bessere zu finden ist? Dann muss sich doch selbst der hartnäckigste Amor zurückziehen, oder?

Und dann: die »virtuelle Beziehungs-Blase«

Und was hat es eigentlich mit »ghosting« und »benching« auf sich, und warum ist das so, wie es ist? »Benching«, für alle die es noch nicht wissen, meint, dass man von jemandem auf die lange Bank geschoben wird. Dass es immer so ein klein bisschen Kontakt gibt, damit nicht gleich alles abreißt, aber sich wirkliche Dates oder gar Beziehungen nicht entwickeln. »Ghosting« heißt, dass jemand einfach ohne Nachricht aus einer Beziehungsanbahnungsphase oder einer Beziehung verschwindet. Dazu gibt es dann noch diejenigen, die bei Dates gar nicht erst auftauchen.

Das liegt meines Erachtens an der »virtuellen Beziehungs-Blase«: Für viele Menschen ist es inzwischen einfach schön, sich vorzustellen, dass da draußen irgendwelche Menschen sind, mit denen man theoretisch etwas anfangen könnte. Aber sie machen es nicht. Aus Furcht, weil es dann zur Ablehnung kommen könnte, aus Furcht, dass im echten Leben eben nicht alles so reibungslos klappt wie im digitalen. Sie trauen sich nicht wirklich an die Menschen hin; statt ewig Online-Chat und WhatsApp-Nachrichten auszutauschen und dann kneifen: Ran an den Speck. Ja, das kann wehtun, man kann sich lächerlich machen, man kann derjenige sein, der im Restaurant auf der Rechnung sitzen bleibt. (In ganz besonders fiesen Fällen!) Aber auf jeden Fall steigt damit die Chance, dass man einen Partner findet. Denn daheim auf dem Sofa wird das nicht klappen, auch wenn sich unendlich viele Menschen inzwischen über ihre Partnerlosigkeit mit solchen Tricks hinwegtrösten und das virtuelle Leben einer eventuellen Verletzung vorziehen. Aber das wollen wir nicht, oder? Nicht nach 100 schrecklichen Dates, nicht nach drei Scheidungen! Wenn wir nämlich in keiner Beziehung leben, wenn wir daheim keine Familie haben, die uns auch mal korrigiert und kritisiert, was unsere Einstellungen und unsere Vorurteile betrifft, dann stirbt das menschliche Einfühlungsvermögen. Wir verlieren unsere Empathie und können letztendlich unsere Mitmenschen nicht mehr verstehen. Wir brauchen sozusagen das Lagerfeuer, um unser Selbstbild aufzubauen, um zu verstehen, wer wir eigentlich sind. Daher kommt es auch, dass Menschen, die weder Familie noch feste Partnerschaften haben – wobei Familie jetzt wirklich meint, Familie, die bei einem lebt und nicht Oma, die man zweimal im Jahr besucht –, Menschen, die ihnen nicht passen, einfach austauschen. Und online ist das natürlich noch leichter.

Zudem gibt es noch keine Langzeitstudien zu diesen Beziehungen. Sind sie überhaupt beständig? Zumindest so beständig, wie es aktuell im analogen Leben geschlossene Beziehungen sind? Wenn meine Eltern nächstes Jahr ihren 50. Hochzeitstag feiern, weiß ich zumindest, dass eine Ende der 60er-Jahre bei Siemens geschlossene Beziehung von Bestand sein kann. Aber werden Online-Couples ihren 50. Hochzeitstag feiern? Oder kommt dann die Austauschbarkeit auch ins Beziehungsleben und die Partner werden auch da noch öfter gewechselt als bisher? Und wie viele Menschen von diesen Fündigen sind so verzweifelt, dass sie letztendlich einfach jemanden nehmen, der nicht total gruselig ist? Oder erscheinen zumindest halbwegs normale Leute nach so und so vielen schrecklichen Dates plötzlich annehmbar?

Stattdessen: Digital Detox und rein ins analoge Leben

Was nun also tun statt Onlinedating? Zunächst mal, keine Panik! Sondern wohlüberlegt loslegen. Hier eine mögliche Anleitung, wie das gehen könnte:

Schritt 1: Das ist der beste, denn du hast ihn schon erledigt: Du hältst dieses Buch in den Händen.

Schritt 2: Such dir mindestens 33 Tipps aus (wie ich finde, ein faires Angebot, denn das ist gerade mal ein Drittel der hier verzeichneten Tipps!), die dir zusagen. Es sollte eine gute Mischung sein. Verlass ruhig mal deine Komfortzone, probiere Neues aus, mache Dinge, die dich schon immer mal interessiert haben, aber übertreib es nicht: Wenn du kein Wahnsinnssportler bist und auch nicht vorhast, einer zu werden, macht es jetzt vielleicht keinen Sinn, dich bei halsbrecherischen Mountainbike-Touren oder beim Freeclimbing nach deinem Traumpartner umzusehen. Ausprobieren kann man das natürlich trotzdem mal alles. Aber es sollte so sein, dass man sich überlegt, wo denn ein Partner, der einem eventuell gefallen würde, am ehesten zu finden ist. Also einfach nach dem Motto: Bücherwürmer in Buchläden und Bibliotheken, Sportler beim Sport, Köche im Kochstudio etc. Und daneben wählt man ebenso ein paar neue, den Horizont öffnende Betätigungen. Und ja, mir ist klar, dass sich Gegensätze anziehen und dass gerade das Spaß machen kann, aber wenn es keine gemeinsame Basis bei den Freizeitaktivitäten gibt, kann eine Beziehung sehr mühsam sein. Der Verdacht liegt nahe, dass man vielleicht jemandem, der genauso gerne Bonsais züchtet wie man selbst oder für den ebenfalls ayurvedische Küche die einzige mögliche Ernährungsform darstellt, auch im sonstigen Leben einiges zu sagen hat. Und wenn man auf der Suche nach einem Partner ist, nimmt diese viel Zeit ein; Zeit, die wir nicht vor dem Bildschirm verbringen wollen! Denn man kann auch bei der Partnersuche das Nützliche mit dem Angenehmen verbinden: indem man Leidenschaften lebt, die einen sowieso umtreiben, und dabei einfach die Augen aufhält.

Schritt 3: Mach dir eine Liste. Ein bis zwei deiner ausgesuchten Tipps solltest du pro Woche abarbeiten. Ich schreibe extra »abarbeiten«. Man hat ja nicht wirklich immer Lust darauf, sich auch noch in seiner Freizeit chic zu machen und loszutigern, und lustig ist es auch nicht immer. Man arbeitet, hat Freunde und Familie und sonstige 35 Verpflichtungen pro Woche und will vielleicht auch noch ausspannen. Aber wenn man es ernst meint mit der Partnersuche, muss man die auch wirklich als ernst gemeintes Date mit sich selbst im Kalender unterbringen und durchziehen. Einen Tipp pro Woche, okay, abgemacht? Und dazu noch einer, der sich im täglichen Leben sowieso anbietet, wie warten beim Arzt oder Bus fahren oder den Steuerberater treffen. Nehmt euch vor, dass ihr während einer Busfahrt ganz bewusst Menschen ansprecht, dass ihr das Handy nicht anschaut und nicht berührt, dass ihr euch tatsächlich stattdessen im Bus umschaut, euch extra neben jemanden setzt, dass ihr versucht, mit jemandem in Kontakt zu treten. Für den Anfang darf das auch ein Kind sein oder ein älterer Mensch. Ältere Menschen sind noch ohne den digitalen Wahnsinn aufgewachsen und daran gewöhnt, dass man mit Menschen auf offener Straße tatsächlich reden kann. Und sie freuen sich darüber. Wirklich, ich schwöre es euch, zumindest die allermeisten. Ich kenne im Westend in München schon ganze Schwärme von älteren Mitbürgern. Wir grüßen und wechseln ein paar Worte, wenn wir uns auf der Straße sehen. Ganz im Ernst: Manchmal spreche ich auch richtig junge Leute an, die mich dann total erstaunt anschauen, so nach dem Motto, was will jetzt die Alte? Aber wir, die wir hier eine verschwörerisch analoge Gemeinschaft bilden, wissen es besser: Nur dieser Weg führt zum Ziel. Und als Übung muss es ja eben nicht gerade der tollste Mann oder die tollste Frau der Welt sein, sondern als Erfolg gilt erst mal, Kontakt zu jedwedem Menschen herzustellen. Ein Kompliment an der Supermarktkasse für die nette Kassiererin, ein Hilfsangebot für die Touristen an der Bushaltestelle, die nicht wissen wohin, ein kleiner Austausch im Lift. Für die Streber unter uns: Letzterer ist ein Punkt auf der To-do-Liste, der sich am besten jeden Tag mehrmals üben und durchziehen lässt.

Motivation

Leg dir einen Zettel auf den Nachttisch, auf dem du jeden Abend notierst, was du erreicht hast. Also entweder, dass du einen bestimmten Tipp ausprobiert hast, wie etwa »ich habe mich in einem Chor angemeldet«, oder mit wem du tatsächlich an diesem Tag in analogen Kontakt getreten bist. Je mehr, desto besser und desto mehr wirst du dich freuen, und desto besser wird der ganze Plan funktionieren. Lasst uns die Welt revolutionieren! Es geht ja letztendlich nicht nur darum, den Traumpartner zu finden. Es geht auch darum, dass die Menschen wieder mehr miteinander in Kontakt treten. Dass wir uns sehen, miteinander reden, uns wahrnehmen, uns Aufmerksamkeit und Zuwendung schenken. Damit das Analoge, also Schmecken, Riechen, Fühlen, Hören, Sehen, wieder mehr Stellenwert in unserem Leben bekommt. Damit wir wieder Interesse an den Menschen finden, die uns im tatsächlichen Leben umgeben. Auch die gezielte Suche nach einem Partner ist nichts anderes als das Herbeiführen von Zufällen. Also noch mal: Das überhaupt Wichtigste ist: Lerne Leute kennen! Egal wen: die nette ältere Dame an der Bushaltestelle, die Mütter anderer Kinder auf dem Spielplatz, die Sprechstundenhilfe, deinen Automechaniker, Freunde von Freunden, Freunde von Verwandten, Freunde von Kollegen. Denn auch wenn in dieser Gruppe dein Traumpartner noch nicht dabei sein sollte, kann jeder einzelne Kontakt zu ebendiesem hinführen. Denn wer weiß schon, ob die ältere Schwester der Sprechstundenhilfe und der beste Freund deines Automechanikers, die Nichte der Dame an der Bushaltestelle und der beste Freund der Mutter auf dem Spielplatz ebendiese Traumpartner sind? Und ich schwöre euch: Irgendwo da draußen steckt der oder die richtige Partner(in) – ihr müsst sie nur finden und dem Schicksal die Gelegenheit geben, euch zusammenzubringen. Ich glaube wirklich daran, dass es für jeden Topf einen Deckel gibt, und deswegen schreibe ich hier jetzt auch keine Tipps hin, wie dass ihr euch die

Zähne putzen müsst, dass Haare waschen beinahe täglich Pflicht ist oder dass Männer in etwas größeren Badehosen besser aussehen als in Speedos. Denn ganz ehrlich: Es gibt sogar Leute, die mit fettigen Haaren unter die Haube kommen. Wenn es ihnen nicht wichtig ist, werden sie einen Partner finden, dem das auch nicht wichtig ist. Okay, das klingt jetzt total gruselig, aber ihr wisst, was ich meine. Ihr müsst euch nicht verändern. Steht zu euch, wie ihr seid, abonniert Body-Positivity-Seiten auf Instagram, schließt euch zu Gruftie-Gruppen zusammen oder mit all denjenigen, die vegan leben so wie ihr oder ausschließlich gebrauchte Klamotten tragen. Macht, was ihr wollt, was euch gefällt, steht zu dem, wie und was ihr seid. Denn der Partner, der für euch gedacht ist, passt so zu euch, und zwar so wie ihr eben seid. Ihr braucht keine Farbberatung zu unternehmen, ihr dürft Schwarz tragen, so wie ich, so lange, bis ihr euch im eigenen Kleiderschrank null Komma gar nicht mehr zurechtfindet, weil alles schwarz ist. Denn die Männer, die mich bisher toll fanden, fanden mich eben auch in schwarzen Klamotten toll. Und das, obwohl mir so und so viele Leute pro Woche sagen, ich sollte mal Farben tragen.

Nutze deine Schwächen

Statt dich also zu verändern, wie wäre es einmal damit: Nutze deinen Spleen! Ein schlechtes Klischee in Vorstellungsgesprächen – der entscheidende Tipp für den Alltag! Du denkst dir, das ist leichter gesagt als getan? Lasse dich einfach darauf ein, sei ganz du selbst, versuche nicht, perfekt zu funktionieren, und schau, was passiert.

Ein kleines Beispiel: Du bist grundsätzlich zu spät dran? Nutze das! Wie, fragst du dich? Gib richtig Gas, fahre an der Ampel über Dunkelorange, fahre viel zu schnell! Vielleicht hast du Glück, und gerade zum richtigen Zeitpunkt hält dich die nächste Polizeistreife auf – und darin sitzt die Polizistin deiner Träume. Hier ist der Vorteil: Sie muss dich mindestens aus beruflichen Gründen nach deinen Kontaktdaten fragen. Nutze die Chance und frage charmant auch nach den ihrigen.

Beispiel Nummer zwei: Du bist verträumt? Als du ein kleines Mädchen warst, fanden es alle noch süß? Nun wirst du aber unwirsch angerempelt, weil du seit fünf Minuten vor dem Kühlregal stehst und deinen Gedanken nachhängst? Oder die Fahrradfahrer klingeln dich böse an und rauschen haarscharf an dir vorbei, weil in deinem Tagtraum der Fahrradweg nicht existiert? Bewahre dir diese Eigenschaft! Zum einen macht sie dich zu einem ausgeglichenen Menschen, zum anderen könnte das nächste Mal, wenn dich der Fahrradfahrer erwischt und du ohnmächtig zu Boden sinkst, der nächste Passant, der dir aufhilft, dein Traumprinz sein …

Aller guten Dinge sind drei: Du bist so ungeschickt, dass sich deine Mutter noch immer Sorgen macht, wenn sie dich mit einem Buttermesser in der Hand sieht? Du kannst Kleidung nicht länger als einen Tag anziehen, weil am Ende des Tages IMMER irgendwo Flecken von dem letzten Dinner zu finden sind? Ohne es zu merken, läufst du stundenlang mit Fahrradschmiere im Gesicht durch das Büro? Großartig! Denn genau diese kleinen Dinge erleichtern es anderen, dich anzusprechen! Oft sind es nämlich nur die kleinen Hürden, die einem Gespräch im Wege stehen. Aber mit Marmelade im Haar findet man schnell neue Freunde.

Beispiel Nummer vier: Auch zur Studienzeit, als deine Freunde die Nächte ihres Lebens verbracht haben: Du hast definitiv geschlafen. Falls du es überhaupt nach 21.00 Uhr aus dem Haus geschafft hast, spätestens um zwölf lagst du schlafend neben der Couch deiner Freundin. Alle anderen sind weitergezogen, wo sie nach und nach ihre Lebensabschnittsgefährten gefunden haben. Dies kommt dir nun nach der zweiten oder dritten Trennungsrunde zugute: Niemand ist so faltenfrei wie du! Außerdem werden die Abende mit fortgeschrittenem Alter ein jedes Mal kürzer. Und früher oder später liegst du vollkommen im Durchschnitt, wenn du um 21.00 Uhr die Party verlässt. Nun kannst du auf dem Heimweg ein gemütliches Date klarmachen.

Beispiel Nummer fünf: Immer wieder versuchst du dir einzureden, dass es doch irgendwie charmant ist, dass du so vergesslich bist, und außerdem liegt es doch auch nur daran, weil du immer so viel im Kopf hast, weil du so intelligent und beschäftigt bist. Aber insgeheim nervt es dich, wenn du wieder kurz vor 20.00 Uhr in deinem Lieblings-Feinkostladen stehst, der Trüffelbrie und die Fenchelsalami, perfekt für deinen Single-Haushalt portioniert, auf der Theke liegen und du sie nicht in deine Single-Wohnung, in deinen Single-Kühlschrank bringen kannst. Weil du schon wieder deinen Geldbeutel vergessen hast, hoffentlich zu Hause oder in der Arbeit. Und man in einem Single-Leben nun mal alleine einkaufen geht und niemand schnell aushelfen kann. Aber mach dir keine Sorgen: Beim nächsten Mal springt sicher die Person, die hinter dir in der Schlange steht, ein. Im ersten Impuls nur, um auch endlich an die Reihe zu kommen und selbst ein Stückchen Trüffelbrie in den eigenen Single-Kühlschrank legen zu können. Aber nicht umsonst bist du trotz deiner Vergesslichkeit im Leben so weit gekommen: Denn niemand sonst ist gleichauf vergesslich wie charmant!

Keine Ausreden mehr, einfach anfangen!!!

Und falls du wirklich mal entnervt von diesem Projekt sein solltest, mach eine kurze Pause. Mach was Schönes mit dir selbst und für dich. Und vielleicht taucht dann gerade in diesem Moment die Richtige oder der Richtige auf.

So. Das war es. Wenn du danach nicht wirklich viele gute Menschen kennengelernt hast, eine Menge Spaß hattest und eventuell auch deinen Traumpartner gefunden hast, würde ich dir eigentlich gerne anbieten, dass du das Geld für dieses Buch zurückbekommst, aber da würden wohl Buchhändler und Verlag nicht mitspielen, also kann ich nur sagen: Dann fresse ich einen Besen. Oder du mailst mir und schimpfst mich. Oder du schreibst eine superschlechte Rezension auf Amazon. (Über gute Rezensionen würde ich mich übrigens freuen!) Ich kann dir das so leicht anbieten, weil ich weiß, dass es funktioniert, weil ich es ausprobiert habe und weil es klappt.

Viel Vergnügen!

Anne Dreesbach

1. KAPITEL

(KENNEN)LERNEN: SMART IS THE NEW SEXY

1. IDEE

Liebe geht bekanntlich durch den Magen: Kochkurse, Braukurse, Whisky-Tasting und andere kulinarische Abenteuer

In der Schule war es oftmals lästig, als Erwachsener freut man sich, wenn man es mal wieder tun darf: etwas lernen. Und wenn es in Richtung Partnersuche gehen soll, landet Lernen definitiv in den Top Ten aller möglichen Tipps. Lernen bedeutet, dass man sich über einen längeren Zeitraum hinweg mit etwas auseinandersetzt und quasi ganz nebenbei auch die Menschen kennenlernt, die mit einem lernen. Man verbringt also Zeit miteinander, und für all diejenigen, die ihren Charme erst entfalten, wenn nicht nur ein Wimpernschlag Zeit zur Verfügung steht, und für all diejenigen, die gerne mal auf dem Schlauch stehen und in der Hitze des Gefechts oftmals gar nicht merken, dass jemand mit ihnen flirtet, ist Zeit ein wichtiger Faktor. Und außerdem: Man kann sehen, wie sich andere anstellen: handwerklich, intellektuell, in der Situation als Schüler, als Mitglied einer Gruppe. Natürlich bedeutet das jetzt nicht, dass man selbst stets alles können muss (man will ja schließlich was lernen), und auch Traummann beziehungsweise Traumfrau wird nicht danach beurteilt, ob er oder sie sofort alles kann, aber auf welche Art das einzelne Individuum solche Hürden nimmt, sagt doch viel über einen Menschen aus. Zudem setzt Lernen eine gewisse Offenheit voraus, und eben diese Offenheit ermöglicht es den Menschen, aufeinander zuzugehen.

Gewisse Dinge wiederholen sich dann ebenso wie in der Schule: Hier ist der Lehrer, dort sind die Schüler, man wird eine Gruppe, manche mögen sich, manche mögen sich nicht so gerne, aus der Gruppe werden Grüppchen, manche gehen nach dem Unterricht noch auf ein Glas Wein zusammen, andere nicht. Aus solchen Kursen heraus entstehen oft noch weitere gemeinsame Unternehmungen: Der Kunstkurs besucht eine Ausstellung, die Gruppe, die sich mit den frühen Theaterstücken von Thomas Bernhard auseinandersetzt, geht ins Theater, der Kochkurs isst gemeinsam, was gekocht wurde. Und sollte bisher niemand in der Gruppe auf die Idee gekommen sein, ist es an dir, solche Ideen einzubringen. Und genau diese Atmosphäre ist super geeignet, um einen Partner zu finden. Last but not least das wichtigste Argument: Sollte man beim Lernen doch nicht den einzigartigen Seelenverwandten kennenlernen, so lernt man doch vielleicht Mandarin. Oder wie man einen Tisch baut. Oder man lernt zumindest andere spannende Menschen kennen, die dieselben Interessen haben wie man selbst. Schließlich wird kaum jemand Japanisch oder Russisch lernen, der nicht vorhat, nach Japan oder Russland zu reisen, der nicht japanische oder russische Küche und Kultur schätzt – warum also nicht gemeinsam solchen Leidenschaften frönen?

»Kochen mit Heil- und Wildkräutern«, »Saucen ohne Pa-
ckung«, »Arabischer Backkurs«, »Kreatives Kochen trotz Full-
time-Job«, »Vegan«, »Power-Eiweiß in der täglichen Ernährung«
oder »Schnapsbrennen für Anfänger« – Kochschulen und Kochkurse haben Hochkonjunktur. Sie sprießen neuerdings überall
aus dem Boden. Auch die Volkshochschulen folgen dem Trend,
Kochbücher sind Bestseller, Fernsehköche kommen modernen
Göttern gleich, die wie Heidi Klum darüber entscheiden, ob das
Leben der ambitionierten Hobbyköche weiterhin Sinn macht oder
ob sie sich besser für den Rest desselben in ein Mauseloch zurückziehen sollten. Warum ist das eigentlich so? Weil im Grunde gar
nicht mehr wirklich gekocht wird, sondern Kochen zu einem exaltierten Hobby geworden ist? Weil, während unsere Ur-, Groß- und
Mütter noch einfach kochen konnten (wie haben die das eigentlich
gelernt?), wir daraus ein Event machen? Samt Outdoorküche und
protzigem Grill. Kochen scheint eine außerordentliche Fähigkeit
geworden zu sein. Das braucht uns aber nicht zu kümmern: Liebe
geht durch den Magen, und beim gemeinsamen Kochen hat sich
schon manches Pärchen zusammengefunden. Und ein Extratipp
für die Männer: Natürlich ist diese Form des exaltierten Kochens
im Gegensatz zum täglichen Mittagessen für die lieben Kleinen
keine Frauensache (warum sind im Gegensatz dazu eigentlich fast
alle Fernseh- und Sterneköche Männer?). Männer gehören in der
gehobenen Küche längst hinter den Herd und können bei Frauen
mit einem selbst gekochten Mahl wirklich punkten. Also, bitte die
Schürze umbinden! Aber Achtung: Man(n) sollte das auch nach
der Paarungsphase durchhalten. Sonst könnte die Herzallerliebste
irgendwann beleidigt sein.

Und vor allem: Kochkurse machen richtig viel Spaß. In der
modernen Kochschule befindet man sich nicht nur in einer pro-
fessionell ausgestatteten Küche, man muss auch nicht aufräumen
oder abspülen, freundliche Geister übernehmen das, genauso wie den vorhergehenden Einkauf. Alles hat den berühmten

Event-Charakter: Ein schicker Cocktail sorgt für eine lockere Atmosphäre vorneweg, und das gemeinsame Essen der mühevoll zubereiteten Speisen ist genauso wichtig wie das Kochen selbst. Es gibt Extrakurse für Singles, aber auch in gemischten Gruppen werden diejenigen, die alleine kommen, meist zu Zweierteams zusammengefasst. Und beim gemeinsamen Zwiebelschnippeln ist ein Gespräch beinahe unausweichlich. Clever wäre es – unabhängig von eigenen Nahrungsvorlieben – einen Kurs zu besuchen, in dem sich das gesuchte Geschlecht tummeln könnte: Achtung, Klischee! Frauen könnten vielleicht den Steak- oder den Grillkurs besuchen, Männer könnten sich in der ayurvedischen Küche umsehen etc. Ihr wisst, was ich meine! Oder man geht gleich zu »Erotic Food«. Und wer partout nicht selbst kochen möchte, kann zumindest verkosten: Es gibt Kurse zu Olivenöl, Gin, Kaffee, Schokolade, Bier oder Käse. Dazu kommen dann noch die Kurse, bei denen man selbst aktiv wird: Bier brauen oder Schnaps brennen, ganz nach Geschmack. Wohl bekomm's!

2. IDEE

Mit den Musen auf Du und Du I:
Kunst machen

Du leidest schwer unter deiner tatsächlichen oder angeblichen Unfähigkeit zu malen? Unter Zeichnen verstehst du Gekritzel beim Telefonieren? Wie man Grün mischt, ist dir genauso fremd wie der Unterschied zwischen Ölfarbe und Wasserfarbe? Macht nichts! Trau dich, lass dich nicht abschrecken! Wer konzentriert malt oder zeichnet, lebt im Jetzt, kommt in den Flow, und das macht wissenschaftlich erwiesenermaßen glücklich. Statt einsam vor sich hin zu meditieren (ja, ich weiß, Meditation ist großartig, aber bitte nur im Kurs, doch dazu später), wandert man gemeinsam durch die Höhen und Tiefen künstlerischen Tuns, und wenn schließlich etwas dabei herauskommt, ist man verdientermaßen stolz darauf. Die Möglichkeiten sind unendlich, vom Zeichenkurs für Anfänger bis zum Ölmalkurs bei berühmten Künstlern, vom Töpferkurs bis zum Goldschmieden. Ja, das ist eher Kunsthandwerk, macht ja aber nichts. Den Damen kann ich wärmstens DO-IT-YOUR-SELF-Möbelbauen empfehlen. Dass die Herren in allen Kursen, die sich mit Nähen, Stricken etc. beschäftigen, die Hähne im Korb sein werden, versteht sich von selbst. Nutzt diese Chance! Das andere Geschlecht nimmt einen für gewöhnlich nur allzu gern unter seine Fittiche. Und Frauen stehen auf Männer, die ihre Knöpfe selbst annähen können.

Wer sich noch nicht allzu viel zutraut, wagt sich einfach in einen Anfängerkurs. Selten hatte ich so viel Spaß wie in einem Anfänger-Zeichenkurs. Wir konnten wirklich alle nichts, und der traumschöne amerikanische Zeichenlehrer leistete ganze Arbeit: Wir sollten unsere Hand zeichnen, alle fünf Finger zusammengefasst und auf uns selbst deutend. Katastrophe. Auf manchen Zeichnungen konnte man nicht einmal erkennen, dass es sich um eine Hand handelte. Wir sollten ein zerknülltes Papier zeichnen. Und als Höhepunkt sollten wir voneinander Porträts anfertigen. Letztendlich gab es lauter faltige Frankensteins mit eingefallenen Wangen zu sehen, wir alle um Jahre, wenn nicht Jahrzehnte gealtert (probiert es mal aus, wenn ihr Lust habt: Zwangsläufig muss man ja etwas in das jeweilige Gesicht zeichnen, und das sieht einfach erst einmal unglaublich wüst aus!). Das war nicht nur äußerst amüsant, es wurde wirklich viel gelacht, und tatsächlich wurde jeder Teilnehmer im Laufe des Kurses besser und besser. Freundschaften entstanden, und ein Pärchen hat sich auch gefunden. Und das obwohl Jans Zeichnung von Luise statt der etwa 30-jährigen Frau ihm gegenüber eine etwa 80-jährige mit viel zu großer Brille zeigte.

Wichtig ist, dass man wirklich versucht, mit den Mitkünstlern in Kontakt zu kommen. Handy weg! Die Pausen sind zum Reden und gemeinsamen Kaffeetrinken da. Es ist echt leicht: »Und was machst du so beruflich?« – »Zeichnest du schon lange?« – »Hast du hier schon andere Kurse besucht?« – »Kann ich mir einen Bleistift borgen?« Ich muss das nicht weiter ausführen, oder? Besonders schön sind Kurse, bei denen die Kursleiter Wert darauf legen, dass sich die »Schüler« kennenlernen. Meine beiden Lieblingskünstler bitten die Kursteilnehmer jeweils, etwas zu einem gemeinsamen Buffet beizusteuern, das dann in den Pausen zusammen hergerichtet und gegessen wird. Inklusive einem Gläschen Wein. Schön! Und sehr kommunikativ! Oder es gibt eine Diskussionsrunde, in der die Ergebnisse besprochen werden. Auch hier kann der Austausch beginnen.

Bitte achte darauf, dass du dir einen Kurs suchst, der wirklich zu dir passt: Anfänger oder Fortgeschrittene, abends oder tagsüber (tagsüber haben eher Rentner oder Mütter mit Kindern Zeit, aber die haben meist schon einen Partner). Kurse, die wöchentlich stattfinden, führen meist eher zu Bekanntschaften als Wochenendkurse, weil man sich öfter begegnet.

Problematisch in Kunstkursen ist oft die Fraktion der übertrieben Selbstkritischen. Das sind Leute, die vergessen haben, dass das Ganze kein Wettbewerb ist, sondern Spaß machen soll. Dass vieles in der Kunst relativ ist. Jedenfalls können sie ganze Kurse sprengen, indem sie alles schlecht finden, was sie zu Papier oder auf die Leinwand bringen, immerzu jammern und so den ganzen Kurs runterziehen. Aber hier hilft Humor: Mach einen Spaß darüber, lach über deine eigenen Ergebnisse, lob die anderen Teilnehmer (geh einfach mal rum und schau dir an, was die anderen so geschaffen haben, das wirkt Wunder!) und erwähne, dass es schließlich um den Spaß geht.

Ich kann mich an einen Kurs erinnern, den ich bei Markus Lüpertz belegt hatte. Dort waren gleich mehrere von diesen leidenden Exemplaren anwesend (die natürlich in Wirklichkeit richtig gut zeichnen konnten); zudem waren alle ob des Meisters Urteil wie erstarrt; und so hat es zweieinhalb Tage gedauert, bis sich der erste Teilnehmer getraut hat, wirklich den Mund aufzumachen. Aber man kann nicht tagelang an Staffeleien nebeneinanderher vegetieren, ohne zu sprechen, oder? Also begannen wir schließlich doch, uns zu unterhalten, und danach wurde es umso lustiger. Und es war wirklich schade, dass bis dahin bereits zweieinhalb Tage vergangen waren.

Für eingerostete Maler und Malerinnen oder Menschen mit null künstlerischer Veranlagung wurden die »ArtNights« erfunden: Moderne Eventkultur schafft Abhilfe bei kreativen Mangelzuständen! Solche Veranstaltungen, zu denen man nichts mitbringen muss, weder Pinsel noch Farbe noch Talent, ermöglichen es wirklich jedem, ein halbwegs anständiges Bild auf die Leinwand zu bringen. Reizende junge Leute machen Schritt für Schritt vor, wie man ein Bild malt (man sucht sich einen Kurs je nach Bild aus, eher Frida Kahlo oder eher Andy Warhol?), und das klappt wirklich immer. (Okay, die Lehrer helfen auch ein bisschen, wenn alles schiefgeht.) Und da die ArtNights meistens in Restaurants stattfinden, in denen auch nicht künstlerisch tätige Menschen essen, finden Kontakt und Austausch meist nicht nur zwischen den Teilnehmern des Kurses statt, sondern auch mit den Leuten, die einfach am selben Ort etwas essen oder trinken und natürlich neugierig sind, was da läuft. Also, es gibt keine Ausrede! Traut euch an die Kunst!

3. IDEE

Mit den Musen auf Du und Du II:
Kunst genießen

Ach, die Kunst ... Wen Kunst wirklich anmacht, der sollte mal versuchen, in von Muse geküsster Umgebung seinen Partner zu finden. Denn echte Kunstfreaks werden allein beim Besichtigen von Kunstausstellungen beseelt, inspiriert, glücklich, öffnen sich und strahlen. Je nach Geschmack darf das beinahe alles sein: antike Skulpturen (die ja wirklich richtig sexy sein können), Heiligendarstellungen aus dem Mittelalter, barocke Schinken (was könnte denn auch mehr Sinnlichkeit ausstrahlen als die wenig bekleideten, üppigen Körper, wie sie Rubens gerne gemalt hat?) oder auch abstrakt und ganz modern: Mit jenem Glänzen in den Augen, das Kunst beim faszinierten Betrachter hervorruft, lässt es sich bestens flirten. Wer kann schon schweigend mit jemandem gemeinsam vor einem Kunstwerk stehen und mit der eigenen Begeisterung hinter dem Berg halten, wenn doch die Wahrscheinlichkeit hoch ist, dass dieser Jemand die eigene Begeisterung teilt, denn warum wäre er sonst hier?

Oder noch besser: eine Führung mitmachen. Der gemeinsame Gang durchs Museum eröffnet Möglichkeiten zu intensivem Blickkontakt und Lächeln, und von da aus bis zu einem Gespräch ist es nur ein kurzer Weg. »Finden Sie auch, dass dieses Blau zum Träumen einlädt?« Viele Museen bieten darüber hinaus Führungen an, die mit Tee und Kuchen oder einem Dinner kombiniert werden, dazu Eröffnungsrunden, Vernissagen und Finissagen. Gleiches gilt natürlich für Galerien. Und beinah ebenso empfehlenswert ist der Besuch von Auktionen. Was versteigert wird, lässt sich meistens gut vorher im Internet recherchieren, und es geht ja nicht immer um millionenteure Werke. Man muss auch gar nicht selbst etwas ersteigern. Ein herzlicher, ernst gemeinter Glückwunsch zum ersteigerten Objekt der Begierde kann Wunder wirken. Sowohl in Galerie, Museum oder Auktionshaus empfiehlt es sich, ein wenig Ahnung mitzubringen. Oder zumindest schon mal zuzugeben, dass man keine Ahnung hat: Nur so zu tun, als ob, ist natürlich peinlich und wird schnell entlarvt. Aber von Anfang an zu sagen, dass man nicht gut Bescheid weiß, führt dann nicht selten zu einem interessanten Gespräch, nach dem man doch mehr weiß als zuvor.

Mit Spracherwerb gegen
die Sprachlosigkeit: Sprachen lernen

Ach, ich komme zu meinem Lieblingsthema: Sprachkurse. Ich habe einen Italienischkurs bei einem Lehrer belegt, dessen Name so fantastisch italienisch klang, dass beim Lesen des Programms vor meinem geistigen Auge sofort ein heißblütiger Südländer mit offenem Hemd und zurück gegelten schwarzen Haaren auftauchte. Dem ist leider überhaupt nicht so, aber dafür ist er umso netter. Und erst die Teilnehmer! Wir sind zu siebt, davon sechs Singles. Und ganz schnell wurde aus uns eine verschworene Truppe, die nicht nur zusammen verreist, sondern die auch alle möglichen schrägen Sachen zusammen anstellt – unter anderem: Partner für die anderen suchen. Julia ist nun mit dem Bruder von Eva zusammen. Aber zum Glück ist Julia trotzdem dem Italienischkurs treu. Und selbst wenn der Traumpartner nicht zwischen den Teilnehmern steckt und auch nicht in deren Verwandtschaft: so hat man immerhin eine Fremdsprache gelernt! Oder es zumindest versucht. Eine fremde Sprache zu sprechen, kann außerdem Eindruck schinden, wenn ihr auf Reisen seid. Doch dazu kommen wir später. Und die Teilnehmer haben ebenfalls Brüder, Schwestern, Cousins und Cousinen, Tanten und Onkel, ihr wisst schon, was ich meine. Eines führt zum anderen. Auch hier gilt: Bitte achtet darauf, dass Berufstätige, auch Selbstständige, selbstverständlich einen Abendkurs buchen sollten, wo sie andere Berufstätige treffen. Rentner zum Beispiel können auch die Vormittagskurse besuchen.

Tandem

Wenn man etwas lernen möchte, bietet sich auch sehr gut das Tandemsystem an. Vielen wahrscheinlich aus dem Buch oder dem Film *Eat Pray Love* bekannt. Man sucht sich jemanden, der etwas kann, lernt das von ihm und bringt ihm im Gegenzug etwas bei, das man selbst kann. Sprachen sind dafür besonders gut geeignet, aber im Grunde lässt sich alles mit allem kombinieren. Man formuliert eine Anzeige, hängt sie an diverse schwarze Bretter, und los geht's. Ich pflege heute noch Freundschaften mit zwei Japanerinnen, denen ich während meiner Zeit in London Deutschunterricht gegeben habe, während sie mir Grundkenntnisse im Japanischen beibrachten. Denn natürlich kommt man sich bei dieser Art des Unterrichts sehr nahe, und wenn man sich mag, kann alles daraus entstehen …

Von Kreistänzen, Bauchreden und Gyrocopter fliegen: Mal wirklich was Schräges lernen

Ich will jetzt hier gar nicht weiter aufzählen, was es noch alles an Kursen gibt, obwohl mich das stets unfassbar begeistert, wichtig ist vor allem: Wenn ihr euch zu einer schrägen Beschäftigung hingezogen fühlt, ist es sehr wahrscheinlich, dass ihr dann eben gerade dort euren Seelenverwandten trefft. Denn ein schräges Hobby ist eigentlich schon beinahe ein sicheres Anzeichen für Seelenverwandtschaft. Fußball mögen Millionen Menschen, aber wer steht auf Pantomime? Swing Dance? Schamanismus?

Also, geht wirklich mal tief in euch, schnappt euch meine Lieblingslektüre, das VHS-Programm, und schmökert los. Wenn ihr das Passende gefunden habt, sucht euch das in eurer Nähe. Oder sucht per Anzeige Gleichgesinnte. Nutzt das Internet, wenn die VHS nicht up to date ist. Wenige Dinge geben einem einen solchen Kick, wie die berühmt-berüchtigte Komfortzone zu verlassen und etwas vollkommen Neues auszuprobieren. Und da es für die meisten von uns leider nicht möglich ist, Sabbaticals einzulegen und alleine mit einem Segelschiff die Welt zu umrunden, versucht einfach, das vor eurer Haustür in Angriff zu nehmen.

Mich sprechen ja sogar Leute an, was ich denn da mache, wenn ich einfach in einem Café sitze und an diesem Text hier arbeite, den ich analog (was sonst?) in Notizhefte schreibe. Einerseits wohl, weil Schreiben heute bereits so ungewöhnlich ist, aber andererseits sicher auch, weil die Textaffinen unter uns dann einfach neugierig werden, wenn sie beobachten, wie jemand schreibt. Und ja, unbedingt, einfach fragen! Ein Projekt wie dieses ist übrigens auch großartig, um Gespräche anzufangen oder auch, um sie auf eine interessantere Ebene zu heben. Seit Monaten frage ich jeden Menschen, der mir begegnet: »Wo kann man Frauen und wo Männer kennenlernen? Ich schreibe ein Buch darüber. Wie habt ihr euch kennengelernt? Aha …«

Ein anderes Hobby von mir sind Fotos von Typografie, das heißt ich bleibe irgendwo in Städten vor alten, schönen oder ungewöhnlichen Schildern stehen und fotografiere sie. Auch das ist ein guter Gesprächsanfang und ganz leicht: »Darf ich fragen, was du da machst?« – »Sie widmen sich also auch dem Skydiving?« Je schräger, desto besser!

Die Bretter, die die Welt bedeuten: Schauspiel

Diejenigen, die schüchtern sind, wird es echt Überwindung kosten. Theaterworkshops, Sprechtraining, Laiendarstellergruppen oder örtliches Volkstheater. Aber ich verspreche euch: Es wird sich lohnen. Denn gezwungenermaßen lernt man, aus sich herauszugehen, sich laut und deutlich zu artikulieren, sich sichtbar für alle hinzustellen, sich seiner Körpersprache bewusst zu werden. Das schadet nie. Vor allem bei der Partnersuche nicht. Außerdem: Wart ihr in der Schultheatergruppe? Erinnert ihr euch, wie selig man im Beifall der Mitschüler badete? Diese Kombination aus Adrenalin und Gruppengefühl? Unübertroffen!

Wer sowieso ein regelrechter (Selbst-)Darsteller ist, kann in Theatergruppen auf jeden Fall punkten. Ich will gar nicht erst auf die Liebesszenen auf der Bühne eingehen und das Sich-nach-der-Vorstellung-in-die-Arme-Fallen, auch das gemeinsame Proben an sich schweißt zusammen; und wem der Gedanke an die Bretter, die die Welt bedeuten, tatsächlich regelrecht den Schweiß auf die Stirn treten lässt: Theatergruppen brauchen auch Bühnenbildner, Maskenbildner, Schneider, Regisseure, Souffleusen, Regieassistenten … Irgendwo findet jeder in der Welt des Theaters ein Plätzchen. Und auf der Bühne werden die größten Liebesgeschichten der Welt erzählt. Also, Vorhang auf! Es muss ja im Leben nicht wie bei Romeo und Julia enden!

Fortbildungen

Der Chef oder die Chefin haben eine Fortbildung angesetzt? Kein Problem! Überhaupt nicht! Im Gegenteil: Reißt euch ab jetzt um jede Fortbildung, die ihr kriegen könnt! Man wird fitter im Job, kommt mal raus, lernt Menschen in ähnlicher beruflicher Situation kennen. Das kann tröstlich sein. Oder einfach Spaß machen. Und das bringt einen von Anfang an zusammen.

Mittagessen, Get-together und der Austausch von Kontaktdaten gehören dazu wie der Drink nach Abschluss der Fortbildung. Man kann sich auch sehr gut darüber austauschen, wer schon welche Fortbildung besucht hat. Was ist empfehlenswert? Was weniger? Und von da aus ist es nur ein kleiner Schritt zur nächsten Verabredung. Und: »Solltest du mal in Berlin/Rosenheim/Wuppertal sein …« PS: Man darf übrigens auch mit den Dozenten sprechen. Oder gar flirten.

Der Erste-Hilfe-Kurs

Bitte unterschätzt Erste-Hilfe-Kurse nicht! Nicht nur, dass das dort vermittelte Wissen schneller gebraucht wird, als man denkt, und man ihn sowieso besuchen muss, sei es, weil man den Führerschein machen möchte, sei es, weil es an bestimmten Arbeitsplätzen verlangt wird: Es ist wirklich sehr, sehr lustig! Und wir wissen, was passiert, wenn Menschen zusammen lachen: Sie öffnen sich. Und spätestens, wenn es ans Beatmen der gruseligen Plastikübungspuppe geht, lässt sich überbordende Heiterkeit gar nicht mehr vermeiden!

»Und dort habe ich Iris das erste Mal gesehen«

Stefan, 54, ist Historiker und lebt seit einem Vierteljahrhundert mit Iris zusammen.

Wie hast du deine Partnerin kennengelernt?

Ich habe gerade an meiner Dissertation gearbeitet und war für zwei Wochen auf Forschungsreise in London. Die Abende habe ich vor allem für Konzert- und Ausstellungsbesuche genutzt. Gegen Ende meines Aufenthalts bin ich in eine Ausstellung über französische Impressionisten in der Hayward Gallery gegangen. Und dort habe ich Iris dann zum ersten Mal gesehen. Sie hat mich ebenfalls bemerkt und von da an sind wir sozusagen »gemeinsam« durch die Ausstellung gegangen. Wir haben immer etwa die gleiche Zeit in einem Raum verbracht und irgendwie darauf geachtet, nicht schneller oder langsamer als der andere weiterzugehen. Miteinander gesprochen haben wir allerdings nicht. Ich traute mich nicht, sie anzusprechen, weil ich Iris für eine Engländerin hielt und ja nicht wusste, dass sie als Deutsche in London lebt. Ich war mir meiner Englischkenntnisse in solch einer Situation einfach nicht so ganz sicher. Am Ende verloren wir uns dann aus den Augen, als wir beide im Ausstellungsshop einen Katalog gekauft haben. Beide Exemplare stehen übrigens noch heute in unserer Bibliothek.

Aus den Augen verloren – und dann doch wiedergefunden?

Zwei Wochen später war Iris dann auf einer Archivreise für ihre eigene Doktorarbeit in München. Sie promovierte in London, musste für ihr Thema aber in das Bayerische Hauptstaatsarchiv, wo auch ich die meisten Tage für meine eigenen Forschungen verbrachte. Ich sah sie im Lesesaal und wusste, dass ich sie schon einmal gesehen hatte, ohne mich allerdings zu erinnern – das muss ich zu meiner Schande zugeben –, woher ich sie kannte. Iris wollte die begrenzte Zeit, die sie in München hatte, ausnutzen und blieb bis zur Schließung des Lesesaales. Ich ging eigentlich immer schon etwa eine halbe Stunde früher, hielt dieses Mal aber bis zum Ende durch. Als wir dann endlich unsere Akten zurückgegeben hatten und die Treppe zum Ausgang hinuntergingen, habe ich sie angesprochen – mit dem ältesten Satz der Welt: »Wir haben uns doch schon einmal gesehen?« Iris, die sehr wohl wusste, wo wir uns begegnet waren, sagte nur: »Ja, in der Hayward Gallery.« Wir gingen dann noch am selben Abend gemeinsam ins Theater. And the rest, as they say, is history.

Was, würdest du sagen, war das Besondere daran?
Das unheimliche Glück, nach der verpassten ersten, eine zweite Chance bekommen zu haben. Es ist nicht gewöhnlich, dass zwei Menschen, die in verschiedenen europäischen Städten leben, sich zweimal über den Weg laufen.

Hast du einen Tipp für Menschen, die einen Partner suchen?
Dass man die Gelegenheit beim Schopf packt und mutig ist, und es eben nicht auf das Glück ankommen lässt.

Und einen Tipp für eine glückliche Beziehung, falls es dann geklappt hat?
Ich glaube nicht, dass es den einen Ratschlag für eine glückliche Beziehung gibt. Es hilft aber, wenn man sich selbst nicht zu wichtig nimmt.

2. KAPITEL

WOHLBEFINDEN MIT MEHRWERT

10. IDEE

Die Sauna – schweißtreibendes Kennenlernen oder: wenn alle Hüllen gefallen sind

Als mir Freunde rieten, die Sauna als Tipp in dieses Buch aufzunehmen, war ich – zugegebenermaßen – erst ziemlich ungläubig. Schwitzend, nackt (sogar ohne Make-up und mit beschlagener Brille!) Leute kennenlernen? Aber ich habe es ausprobiert und bin schlauer: Für die, die sich trauen, kommt die Sauna unter die Top Ten der Offline-Dating-Tipps! Warum? Erstens: Saunisten haben etwas von Beamten an sich: Sie gehen regelmäßig zu denselben Zeiten. Möchte man also jemanden kennenlernen, den man ins Auge gefasst hat, ist die Chance groß, dass man sie/ihn nächste Woche um dieselbe Zeit wiedertrifft.

Spätestens beim dritten Treffen kann man daher gar nicht anders, als etwas zu sagen, und sei es etwas so Banales wie: »Du auch wieder hier?« Es gilt wie immer: Besser etwas unsagbar Langweiliges sagen als gar nichts! Zweitens: In der Sauna ist die Katze aus dem Sack: Man sieht, was man bekommt. Kann gruselig sein, kann aber auch Spaß und Lust auf mehr machen. Drittens: Mit den Klamotten fallen auch die Hemmungen. Wer sich bereits nackt in einem überhitzten Raum mit Menschen des anderen Geschlechts befindet, kann sich leicht den Ruck geben, jemanden anzuquatschen.

Und zu guter Letzt: Es gibt diese Situationen, in denen muss man einfach was sagen. Weil alle einfach so dasitzen. Weil jeder versucht, den anderen *nicht* zu taxieren. Weil die Gelegenheit einen Witz verträgt. Und wenn das in der Sauna passiert, ist das Eis gebrochen, nicht nur, weil es so heiß ist. Ja, es gibt auch diese ganz ruhigen Sauna-Besuche, in denen jeder selbstvergessen, die Augen geschlossen, stumm vor sich hin schwitzt, aber es gibt eben auch die, bei denen man kichert und wo dann die Atmosphäre durchaus flirty sein kann. Man sollte, je nachdem, wen man kennenlernen will, den Saunabesuch einfach auf die entsprechende Tageszeit und an den entsprechenden Ort legen: Saunen, an denen Schilder befestigt sind, auf welchen »Bitte schweigen« steht, gilt es zu meiden.

11. IDEE

Von Schweiß und Muskeln: das Fitnessstudio

Sport ist Mord! Mag sein, ist aber aus dem Leben des modernen Großstädters fast nicht mehr wegzudenken. Gehört irgendwie dazu, ist hip, eventuell vielleicht ja sogar gesund. Und ohne Selbstoptimierung scheint ja heutzutage gar nichts mehr zu gehen. Auf jeden Fall kann man im Fitnessstudio Leute kennenlernen. Sich gemeinsam nebeneinander abzustrampeln oder nebeneinander ein Fitnessgerät zu bearbeiten, führt sofort zu gegenseitiger Identifikation. Man muss ja doch irgendwas gemeinsam haben, wenn sich beide einer solchen Freizeitbeschäftigung hingeben. Warum also nicht plaudern?

Auch hier darf man mal eine Pause machen, man muss einen Schluck Wasser trinken und sich dabei lässig ein Handtuch um den Hals hängen. Natürlich kann dabei verhandelt werden, wer welches Gerät gerne mag, wie lange man dieses Studio schon besucht, wer welchen Trainer besonders schätzt, welche Kurse empfehlenswert sind und so weiter. Die ganz Ausgebufften schauen auf den Trainingsplänen, die gewöhnlich neben den Geräten hängen, wann das Objekt der Begierde das nächste Mal wieder trainiert. Dann kann man ja seinen eigenen Trainingsplan durchaus so einrichten, dass man ganz zufällig am Gerät daneben pumpt. Und natürlich lassen sich im Fitnessstudio wunderbar Charakterstudien betreiben: Wer einfach kommt, wie er ist, im schlabbrigen Trainingsanzug und dann ungehemmt vor sich hin schwitzt, der meint es wahrscheinlich ernst mit dem Sport und sucht entweder keinen Partner oder ist eben nicht Styling-affin. Wer dagegen Muskelshirt trägt und der ganzen Welt seinen gestählten Körper präsentiert oder perfekt gestylt im modernsten Outfit kommt – der ist wohl eher auf der Suche. Und wenn das nicht schon einiges über den Charakter aussagt!

12. IDEE

Sport an sich

In diesem Fall soll es nicht darum gehen, zum Sport zu gehen, um endlich die Liebe deines Lebens kennenzulernen. Vielmehr ist es ein Aufruf, zum Sport zu gehen, um dich selbst wieder besser kennenzulernen. Es ist ein Aufruf an dich, deinen Körper zu fühlen, dich daran zu erinnern, wo welches Körperteil zu sitzen hat, nach zu vielen Stunden am Schreibtisch oder hinter der Ladentheke. Es ist ein Aufruf, deinem Körper zu erlauben, sich neu zu erfinden. Sich zu erinnern, wie es sich anfühlt, lebendig zu sein. Schalte deinen Körper auf on. Lass ihn elektrisieren, fühl dich selbst, vom kleinen Zeh bis in die Tiefen deiner Lungen. Spür Muskeln, von denen du vergessen hast, dass sie existieren, geschweige denn geahnt hast, dass du sie besitzt. Lass deinen Körper wissen, wie er sich fühlt, wenn er stark ist und wenn er müde wird. Lass deinen Rücken wissen, wie es sich anfühlt, wenn alle Wirbel flexibel an der richtigen Stelle sitzen. Lass deine Beine wissen, mit welcher Leichtigkeit sie dich durchs Leben springen lassen können. Lass deine Arme wissen, dass sie zu mehr fähig sind, als neben dir durchs Leben zu hängen. Lass deinen Kopf wissen, wie weit oben er auf deinem Körper thronen kann. Wage einen neuen Sport, falls sich dein Körper schon zu sehr an den alltäglichen Laufband-Trott gewöhnt hat. Beginne einen alten Sport erneut, damit sich dein Körper erinnert, zu was er einmal fähig war.

Denke Sport neu: Sport ist nicht dazu da, sich den Schönheitsidealen zu beugen. Vergiss die Vorstellung von Sport als drögem Fitnesscenter mit dazugehörigen Ernährungsratgebern. Es geht nicht um Kilos, Muskeln oder Kleidergrößen. Es geht nicht darum, zu funktionieren und sich in die idealisierten, unreflektierten Vorstellungen der anderen zu zwängen. Es geht nicht einmal um Gesundheit, das viel beschworene Heiligtum unserer Leistungsgesellschaft. Nein, Sport ist dazu da, dich deinen Körper spüren zu lassen. Sport ist dafür gemacht, damit du deinen Körper kennst, ihn dir wieder zu eigen machen kannst.

Fühle deine Umgebung. Fühle den Boden unter deinen Füßen, fühle den Widerstand der Luft. Spüre die Luft auf der Haut und die Luft in deiner Lunge. Spüre, wie du den Boden unter den Füßen verlierst, und spüre, wie dir die Luft ausgeht. Leg dich hin und spüre den Boden auf deiner Haut, spüre den Schmerz, spüre die Grenzen deines Körpers.

Mach dir Gedanken über dich: Bist du dein Körper oder trennst du ihn gedanklich von dir? Verändert Sport diesen Zustand? Löst sich dein Körper von dir oder wirst du eins mit ihm? Wie reagieren andere auf deine Bewegungen? Wie reagierst du auf die Bewegungen anderer? Wende dich anderen zu, bewege andere, ohne sie zu berühren. Du willst den Widerstand spüren, werde Boxerin. Du willst schweben, werde Ausdruckstänzer. Du willst Ziele erreichen, werde Rennradfahrerin. Du willst Kontrolle, lerne reiten. Du willst dich fallen lassen, werde Kletterer.

Spiel nicht Tennis, um ein Gegenüber zu haben. Lerne nicht Gesellschaftstanz, um einen Partner zu finden. Mach keinen Kampfsport, um jemanden flachzulegen. Mach es um deiner selbst willen. Und wer weiß, wer dir dabei begegnet.

13. IDEE

Sport draußen:
Freeletics, Eisbachsurfen oder Slacklining

Sport draußen führe ich als eigene Kategorie auf, weil es ja vielleicht mal eine schöne Idee wäre, sich im Frühjahr, Sommer oder Herbst zu einer Veranstaltung oder einem Kurs anzumelden, der sich im Park oder an schönen Plätzen in Städten abspielt. Es gibt Veranstalter, die gepflegte Parkanlagen zum Fitnessparkour umwandeln, in dem die motivierten Teilnehmer die Steintreppen auf und ab joggen und die Stufen zum Brunnen als Untergrund für die Liegestütze benutzen. Es gibt natürlich auch Yoga im Park, Tai-Chi, Lachmeditation, Bootcamps, Zumba, Tangotanzen, Girls Surf Work-out und, und, und … Ihr müsst auch kein Geld für öffentliche Veranstaltungen bezahlen, alternativ könnte man das auch alles leicht selbst organisieren. Das ist vielleicht gerade etwas für Leute, die sportlich nicht den totalen Ehrgeiz haben, sondern sich einfach gerne ein wenig bewegen und das an der frischen Luft, mit Gleichgesinnten und zur Freude aller. Oder fragt einfach, ob ihr bei Fußball- oder Volleyballspielen im Park mitmachen dürft. Ihr werdet sehen, dass die Leute viel positiver darauf reagieren, als ihr denkt. Und natürlich geht das auch im Winter: Da gibt es Langlaufen und Eisstockschießen und Schlittschuhlaufen und …

14. IDEE

Sport im Besonderen I:
Zwei Spuren im Schnee … Skikurs und Skifahren

»Zwei Spuren im Schnee
führ'n herab aus steiler Höh' …
Und die eine Spur ist deine,
und die and're Spur ist meine,
und sie führen aus der Einsamkeit
zur Seligkeit …«, sang schon Vico Torriani in den 60er-Jahren. Und trotz Klimawandel und Kunstschnee hat Skifahren nichts von seiner Attraktivität eingebüßt. Die kalte Luft, die Sonne auf den schneebedeckten Bergen und die Einkehr danach (Après-Ski!) versetzen die Gemüter in Hochstimmung und öffnen die Herzen. Nun aber gewusst wie: Man kommt sich schon mal in die Quere auf den Pisten oder rempelt sich gegenseitig an. Eine schöne Gelegenheit für eine charmante Entschuldigung. Und sollte sich daraus ein Gespräch entwickeln, kann die Entschuldigung noch auf eine heiße Schokolade ausgedehnt werden. Jeder freut sich, wenn er im Schnee liegt und ein hilfsbereiter Mitmensch ihm wieder auf die Bretter hilft. Das gilt für Männer wie für Frauen! Und falls die Menschen so humorlos sind, dass Ihnen das gar nicht passt, sind

sie vielleicht ja auch keine geeigneten Lebenspartner. Man sollte ruhig das Schicksal entscheiden lassen und selbst, wenn man mit Freunden unterwegs ist, einfach mal alleine Lift fahren. Da sitzt dann oft ein netter Mensch neben einem, mit dem sich ein kurzes Gespräch führen lässt, während einen der Lift den Berg hinaufträgt. Geschickte Skihasen taktieren schon unten in der Schlange ein wenig, damit sie vielleicht neben ihrem Wunschpartner sitzen können. Im Lift lässt sich dann über technische Fragen zur Ausrüstung sprechen, über die elegante Skimode der anderen oder über den schönen Tag im Allgemeinen. Findet man sich zusammen am Schlepplift wieder, kann man sich außerdem erkundigen, ob für den anderen alles bequem ist, oder sogar anbieten, die Skistöcke des anderen zu halten, wenn man ein erfahrener Skifahrer ist. In einer Achterkabine mit Sitzheizung und WLAN passiert vielleicht das Übliche: Egal, wie nett du lächelst, welche geistreichen Gesprächsthemen du anschneidest, alle schauen auf ihr Smartphone. Da hilft dann wohl nur die Frage, ob man nicht eine Skilift-WhatsApp-Gruppe bilden sollte.

Auf schwarzen Pisten darf man schon mal hilflos verweilen in der Hoffnung, dass einen jemand zum gemeinsamen Hinunterfahren auffordert. Noch galanter ist es natürlich, dieses anzubieten, wenn man ein wirklich versierter Skifahrer ist. Und dann ist da ja noch die Sonnenterrasse und das Après-Ski. Hier fragt man natürlich zuerst einmal charmant, ob der Liegestuhl neben dem ins Auge gefassten Skihasen noch frei ist, und dann bieten sich dieselben Gesprächsthemen wie im Skilift an. Beim Après-Ski, wo normalerweise viel Alkohol fließt, seien die Damen allerdings vor dem bereits 1957 von Helmut Qualtinger besungenen *Après-Schigolo* (1957) gewarnt:
»... Ich bring aber auch alles mit,
mei Keilhosen hat so an Schnitt!
Ich bin wunderschön braun,
weil das wirkt bei den Fraun ...«

Sport im Besonderen II:
Mit Agatha Christie, Katharine Hepburn und
Cary Grant den Golfschläger schwingen

Unvergessen die Szene in *Leoparden küsst man nicht,* in der sich Katherine Hepburn und Cary Grant beim Golfspielen kennenlernen. Susan ist eine Frau nach meinem Geschmack. Dass Dr. David Huxley über weite Strecken des Films hinweg von ihr gar nichts wissen will beziehungsweise sich nicht bewusst macht, dass sie ihm schon längst sehr attraktiv erscheint, interessiert Susan überhaupt nicht. Sie hat sich diesen Mann ausgesucht und tut alles, um ihn zu bekommen. Durchaus nachahmenswert! Dass sie auf dem Golfplatz seinen Ball klaut, sein Spiel stört, sein Gespräch mit dem wichtigen Anwalt (weswegen er überhaupt zum Golfen gekommen ist) unmöglich macht und zu guter Letzt noch sein Auto schrottet – vollkommen unerheblich. Jedenfalls ist Golfen ein idealer Sport zur Partnersuche. Vor allen Dingen, wenn man die etwas betuchten Menschen sucht. Der Geist wird genauso trainiert wie der Körper, man ist in der freien Natur, und nachher gibt es einen Umtrunk im Golfclub. Man kann alleine spielen oder in Gruppen, man kann auch gerne seine Geschäftskontakte ausbauen, während man auf dem Golfplatz zugange ist.

Ja, Golfen ist immer noch ziemlich elitär. Man benehme sich am besten wie ein wirklich gut erzogener Engländer, auch wenn die Schotten das Spiel erfunden haben. Weder sollte man angeben, großmäulige Sprüche klopfen, noch den Menschen zu nahe auf die Pelle rücken. Man fragt auch bitte nicht einfach nach dem Handicap des Gegenübers. Aber natürlich ist Golf ein wirklich schönes Gesprächsthema, weil es eben doch ein etwas ungewöhnlicher Sport ist. Und keine Angst: Eine Freundin von mir hat ihren Traummann im Golf-Schnupperkurs gefunden. In Jeans und T-Shirt. Mit null

Ahnung. Beide spielen heute gar kein Golf mehr. Und auch die Golfclubs öffnen sich Ideen, die eher jüngere beziehungsweise nicht so konservative Menschen ansprechen, wie Partys mit DJ etc. Und übrigens gibt es ja auch Crossgolf, wo man ohne Platz spielt, in der Natur oder auch in städtischen Gebieten. Man findet sich über Webseiten, und los geht's. Das macht wirklich eine Menge Spaß, und man fühlt sich ein bisschen wie Miss Marple.

16. IDEE

Auf der Suche nach einem gepflegten Exemplar: der Friseur

Auch hier gilt: Zum Friseur muss man sowieso. Zwar macht man mit in Alufolie gewickelten Haarpartien vielleicht keine so gute Figur, aber man sitzt nun mal nebeneinander im Sessel, und wieder kommt hier der wichtige Faktor Zeit ins Spiel. Außerdem weißt du dann gleich, dass du jemanden neben dir hast, der ein gewisses Augenmerk auf sein Aussehen legt.

Wir wollen hoffen, dass es nicht zufällig ein Mensch ist, der exakt jetzt neben dir sitzt, während er gerade seinen Einmal-im-Jahr-Haare-schneiden-Termin absolviert. Außerdem wohnt ihr dann offenbar in der gleichen Gegend. Und bevorzugt denselben Friseur: in Bezug auf den Preis, aber vor allem auf das Styling. Es sagt doch etwas aus, ob man sich bei Hairem, Hairlander oder Hairman trifft. Wer nicht über die Maßen geistreich ist, dem bleibt nur ein allgemeines Thema, Friseurthemen eben: Wetter, Skandale, Promis. Der Friseur selbst. Seine/ihre Fertigkeiten. Sehr charmant wäre die Frage nach der Qualität der neuen Frisur. »Gefällt Ihnen mein neuer Haarschnitt?«

Oder du beziehst deinen Nachbarn in die Entscheidungsfindung mit ein, was noch besser ist, denn letztere Frage lässt sich nur stellen, wenn der Friseurbesuch schon fast vorbei ist. (Ha! Diesen Text schreibe ich im Restaurant Hackescher Hof. Der österreichische Gast neben mir (erkennbar an seinem Dialekt) erkundigt sich, warum das Backhendl »Backhendl Paderborner Art« heißt (Echt jetzt, liebes Restaurant, das ich echt liebe, aber das ist zu schräg! »Backhendl Paderborner Art«? Und dazu in Berlin?) Der reizende Kellner weiß darauf keine Antwort. Aber ich habe eine schöne Steilvorlage für ein Gespräch: »Sie trauen sich also jetzt hier in Berlin als Österreicher, ein Backhendl Paderborner Art zu bestellen?« Es gibt viel zu kichern in diesem Gespräch, das sich zunächst vor allem um die Frage dreht, ob Paderborn vielleicht die heimliche Backhendlhauptstadt ist. Ob dort das Backhendl erfunden wurde oder eben doch in Österreich. Wir trinken zwei Gläser Wein zusammen und ratschen noch weitere zwei Stunden. Eine einsame Münchnerin und ein einsamer Wiener im großen Berlin. Wie romantisch. Habe ich erwähnt, dass er Mathematiker ist und einstmals eine Studienarbeit über Algorithmen für Parship geschrieben hat? Er hat seine eigenen Dating-Theorien: Erstens, dass man meistens sowieso jemanden heiratet, der aus der Gegend kommt, aus der man auch stammt. Dafür ist es allerdings am besten, ebendiese Gegend zu verlassen und sich dann in der Ferne wiederzubegegnen. Das führt sofort zu Nähe. Zweitens ist er sehr für Vernunftehen. Wenn die Hormone erst mal schwinden, bleiben nur noch Freundschaft und gemeinsame Interessen übrig. Auf jeden Fall ein interessanter Abend!)

Zurück zum Friseur: »Meinen Sie, ein Bob steht mir?« – »Ein Pony?« – »Rote Strähnchen?« – »Soll ich mir den Bart vielleicht abnehmen?« – »Ja! Auf jeden Fall! Sieht zwar zuweilen gut aus, kratzt aber beim Küssen und ist wirklich nicht mehr hip!«

Wellness

Ich mag ja Unternehmungen, also vor allem, was analoge Dating-Tipps betrifft, bei denen es um den Körper geht. Ich habe irgendwie das Gefühl, dass, wenn man sich entspannt, sich auch der Geist öffnet. Und wenn man sich etwas Gutes tut oder tun lässt, dass man dann gleich mal um einiges positiver schwingt. Und das merken auch die Mitmenschen.

Trotzdem ist Wellness kein ganz leichtes Feld. Viele Menschen kommen in Gruppen oder Paaren, Anwendungen macht man alleine, und falls sich nicht der/die »Therapeut/in« als Option herauskristallisieren sollte, sieht es mau aus. Aber es gibt auch hier Möglichkeiten! Erstens: Wellnessreisen. Da lässt sich dann am Abend an der Hotelbar sehr gut daran anknüpfen, dass man sich tagsüber ja schon auf dem Weg zum Heumilchbad über denselben gelaufen ist. Oder in Thermen. Da gibt es meistens »Rituale«, die nur die Stammgäste kennen, die aber Neuankömmlinge gerne darüber informieren. Und während man seine Waden im Wasserstrahl massieren lässt, kann man ja schon mal bemerken, warum man ebendieses Bad so gerne mag. Ob man oft herkommt etc.

Lacht jetzt nicht. Ich mache immer wieder die Erfahrung, dass die allermeisten Menschen sich freuen, wenn man auf egal welche Art ein Gespräch in Gang bringt. Und ich denke auch, dass Dampf- und Schwitz- und sonstige Wellness-Errungenschaften Anlass zum Kichern geben können. Und ihr wisst jetzt schon, dass ich Lachen und Kichern für einen Flirtschlüssel halte. In Sauna/Schwitzbad/finnischem Dampfbad sieht man die Hand vor Augen nicht. Zumal man seine Brille draußen abgelegt hat. Man läuft mit Gesichtsmasken herum. Man trägt unförmige Bademäntel und nicht gerade einen eleganten Fuß machende Badeschlappen. Adiletten? Aber was gibt es nicht alles zu besprechen: Riecht es nicht zu sehr nach Ingwer-Zitrone? Wäre Minze besser? »Wo haben Sie denn diese schönen Badeschlappen gekauft?« – »Sitzt auf diesem Sprudel schon jemand?« – »Sie sehen aber sehr sportlich aus, deswegen sind Sie nach einer Stunde Bahnenschwimmen überhaupt nicht erschöpft, oder?« Und hier gilt wie in der Sauna: Man sieht was man bekommt. Und man hat jemanden, mit dem man auch später gepflegt Wellness machen kann.

18. IDEE

Delfin, Hahn und Heuschrecke:
Bewegt zum Traumpartner – Yoga oder Meditation.

Meditation soll dabei helfen, unsere Mitte zu finden und uns zu entspannen. Das sollte man ja sowieso. Mit Yoga genauso. Und man trainiert den Körper. Die Loblieder auf Yoga und Meditation sind lang und laut und im Moment überall zu hören. Genug Gründe, um es zu versuchen, oder? Ein Manko gibt es hier aber: Solche Kurse werden fast nur von Frauen besucht. Aber dann ist es ein Grund mehr für das starke Geschlecht, es mal auszuprobieren. Denn im Yoga geht es ja sowohl um Spiritualität als auch um körperliche Aktivität, und dazu öffnen sich die Leute, entspannen sich, werden glücklich, erfahren nachgerade Energieschübe. Was also könnte dagegensprechen?

Aber es gibt doch einiges zu beachten: Erst mal nehmen die meisten Leute Yoga ziemlich ernst. Man sollte also wirkliches Interesse am Yoga mitbringen und richtig gut mitmachen, denn nichts nervt so sehr wie Leute, die dann flüstern oder nicht wirklich bei der Sache sind. Das heißt jetzt nicht, dass man alles gleich können muss, nein, aber zumindest sollte man bereit sein, sich zu konzentrieren und sich auf die Sache einzulassen. Alle wollen sich konzentrieren, ein wenig Ruhe genießen, also bitte keine Witze oder coolen Sprüche. Das müsst ihr auf davor oder danach verschieben. Und beim Yoga ist es wie in der Sauna: Die Leute kommen ja oftmals wieder zu den gleichen Kursen und zur gleichen Zeit. Man sollte also nichts überstürzen, man kann hier in aller Ruhe erst mal ein »Hallo!« austauschen, nach und nach ins Gespräch kommen und sich dann vielleicht noch auf einen Yogi-Tee verabreden. Ich stehe ja besonders auf solche Studios, die von wahrhaft spirituell erleuchteten Meditationslehrern geleitet werden. Da gibt es dann im Anschluss oft noch Tee und vegane Haferkekse. Und Menschen, die sich darauf einlassen, sind meistens einen Tick offener als der Rest der Welt. Bald habt ihr vielleicht nicht nur einen Partner gefunden und beherrscht den Sonnengruß, sondern lasst auch eure Spiritualität gedeihen!

19. IDEE

Der Kurschatten:
Rehabilitation und Kuren

Jetzt mal einen Tipp auch – und vor allem – für die älteren Leute, für die Extremsportler, für die Motorradfahrer, für die Skifahrer. Und, und, und. Jedem kann es passieren, dass er sich in einer Rehabilitation oder einer Kur wiederfindet. Der Körper beginnt zu heilen, revitalisiert sich, man kommt langsam wieder zu Kräften, man beginnt gegebenenfalls, sein Leben zu ändern. Man kommt ins Nachdenken. Und das mit ganzen Mengen von Menschen, die in derselben Situation buchstäblich mit einem feststecken. Dreimal am Tag sitzt man gemeinsam am Tisch, um die Mahlzeiten zusammen einzunehmen, und dazu läuft man sich noch bei Anwendungen, Vorträgen und bei der Abendgestaltung über den Weg. Und ja, da gibt es den gefährlichen »Kurschatten«, der sich an alleinstehende Damen und Herren heranwanzt und nur auf sein Vergnügen bedacht ist. Das Pschyrembel-Wörterbuch *Natur-heilkunde und alternative Heilverfahren* nahm den Begriff 2006 als fingierten Lexikonartikel (Nihilartikel) ins Nachschlagewerk auf. So hieß es dort, der Kurschatten sei »als natürliches Mittel zur Förderung des Kurerfolges schulmedizinisch anerkannt«. Dann soll der Kurschatten bitte doch auf jeden Fall dazu beitragen. Mit etwas Menschenkenntnis wird jeder für sich herausfinden, ob sein Gegenüber ein »Kurschatten« ist oder nicht, und dementsprechend entscheiden, ob er sich darauf einlassen will oder nicht. Daneben gibt es aber auch viele Leute, die ernsthaft darüber nachdenken, wo sie im Leben stehen, ob es etwas zu verändern gibt, die die Zeit nutzen, die sie dort haben, und die versuchen, ihr Leben zu verändern. Und das ist doch die beste Voraussetzung, um sich auf eine Partnerschaft einzulassen. Auch hier spielt wieder Zeit eine Rolle, von der man zwar immer sagt, dass man zu wenig hat, aber seien wir ehrlich, im Grunde haben wir davon manchmal auch eher zu viel als zu wenig. Langeweile. Keine Abwechslung. Man ist weit weg von daheim, von Familie und Freunden, von den Kollegen, von Routine. Es fehlen die üblichen Ansprechpartner. Durch die Krankheit oder die Verletzung, die man erlitten hat, ist man etwas wackelig, nicht nur auf den Beinen, sondern auch auf der Seele. Das veranlasst nicht wenige Leute dazu, die Welt einmal aus einem neuen Blickwinkel zu sehen. Warum also nicht auch die Menschen anders sehen, die Menschen, die einen gerade umgeben?

20. IDEE

Pilgern und Klöster

Schön romantisch stellt man es sich vor, wenn man den Alltag hinter sich lässt, nur auf sich gestellt einen Pilgerweg beschreitet und wie schon viele sinnsuchende Generationen vor uns mit jedem

Schritt näher zu sich selbst kommt. In der Idealvorstellung trifft man spätabends, wenn der geschundene Körper endlich zur Ruhe kommen darf, in einer schlichten Unterkunft einen Menschen, der mit einem ganz auf einer Wellenlänge liegt. Mit dem du ins Gespräch kommst, dich gut verstehst, lachst und ein Glas Wein trinkst. Womöglich schließt ihr euch zusammen und geht ein Stück des Weges gemeinsam ... Wie im echten Leben.

In Wirklichkeit muss man sich heutzutage aber selbst beim Pilgern davor hüten, im Sog von WhatsApp-Gruppen und Social Media unterzugehen. Denn der Mensch ist und bleibt ein Rudeltier und versucht immer, sogar auf dem Weg zu sich selbst, sich zu Gruppen zu verbünden. Schon am ersten Abend in einer Herberge versuchen die ganz geselligen Pilger, dich zu überreden, eine WhatsApp-Gruppe zu gründen: Man habe sich doch heute so gut verstanden, und es wäre doch so nett, könne man diesen Abend so an einer anderen Station wiederholen. Selbst wenn ein jeder ein anderes Tempo geht, man müsse doch zusammenhalten, man sei doch auf derselben Mission und überhaupt! Im Eifer des Gefechts und noch nicht bereinigt und frei von all den WhatsApp-Gruppen deines Alltags, läufst du Gefahr, diesem zu schnell zuzustimmen. Aber ACHTUNG! Hier ist es an der Zeit, dich schnell zurückzuziehen! Denn so hast du dir deinen Pilgerweg nicht ausgemalt. Mit jeder WhatsApp-Gruppe steht dir auf deiner Suche nach dir selbst niemand anderer als du selbst im Wege. Deshalb bleibe für dich, bleibe bei deinem romantischen Bild des Pilgerns, der Suche nach dir selbst!

Es ist sowieso nicht ganz so, wie man es sich vorstellt: Pilgern ist heute beinahe zur Massenveranstaltung geworden, und nicht alle Pilgerwege führen durch einsame, malerische Natur. Also bleibe zwischen all dem Realismus zumindest den WhatsApp-Gruppen fern! Denn hier kommt der zweite entscheidende Grund, weshalb du digital auf deinem Pilgerweg für dich bleiben solltest. Nicht nur hindert es dich daran, dir selbst näher zu kommen, sondern auch, noch viel mehr neue Leute kennenzulernen! Wenn du auf dem Weg immer mit derselben Gruppe gehst oder in der Herberge auf ebendiese wartest, verpasst du die Chance, mit neuen Leuten ins Gespräch zu kommen. Denn nirgends ist es so einfach, eine Unterhaltung loszutreten, wie auf dem Pilgerweg. Und wer weiß, vielleicht lernst du so doch noch den Menschen kennen, der sich bereits gefunden hat … Pilgern also analog!

Leichter gestaltet sich dies meistens in Klöstern. Abgeschieden gelegen ist dort nicht immer optimaler Empfang gegeben – spätestens aber die dicken Klostermauern tun ihr Übriges und lassen keinen Funken WLAN zu dir durchdringen. Manche Klöster entscheiden sich auch bewusst dagegen. Das Spannende am Rückzugsort Kloster ist unter anderem, dass viele Personen, die hierherkommen, weniger nach sich selbst suchen oder das »Erlebnis Pilgern« wollen, sondern, dass sie häufig auf der Suche nach Ruhe bezüglich ihres beruflichen beziehungsweise künstlerischen Werdegangs sind. So triffst du hier viele Maler, Schriftsteller oder Firmengründer. Sitzt man sich am zweiten Tag stillschweigend beim Essen gegenüber, fällt es leicht, ein Gespräch anzufangen. Insbesondere, da die meisten nach dem Ausbleiben von Telefonanrufen oder E-Mails einer Kommunikation gegenüber viel weniger abgeneigt sind als oft im Alltag. Hier triffst du also besondere Menschen, die voll bei sich sind und große Pläne haben!

Sonderfall Schweigekloster: Hier lässt sich kein Gespräch anfangen. Aber Blicke sagen oft mehr als tausend Worte. Und nach tagelangem Schweigen und sehnsuchtsvollen Blicken kann eine Dynamik entstehen, der Gespräche nichts entgegensetzen können …

Über Flirten und Pilgern habe ich übrigens auch mit dem Fachmann Christof Herrmann gesprochen, der einen Blog zu den Themen Minimalismus, Nachhaltigkeit, vegane Ernährung und Wandern betreibt und auch schon zahlreiche Bücher zum Thema Wandern und Pilgern geschrieben hat: www.einfachbewusst.de. Flirten gehört auf jeden Fall dazu, war seine Aussage! Er schlägt übrigens auch vor, dass man nicht nach Venedig über die Alpen wandern soll, sondern von Salzburg nach Triest, und er hatte die Idee, dass man mit einem Schleifchen am Rucksack kenntlich macht, wenn man offen für Kontakte während der Tour ist und nicht lieber alleine bleiben möchte. Außerdem gibt es einen Kontaktpunkt in Salzburg und einen in Triest, wenn man sich vor der Wanderung zu Gruppen zusammenschließen möchte oder nach der Tour Lust hat, gemeinsam in Erinnerungen zu schwelgen.

»Einfach frech sein!«

Yvonne, 56, heute Inhaberin eines Kosmetikstudios, traf ihren Mann wegen eines Autounfalls.

Bitte erzählen Sie uns doch, wie und wo Sie Ihren Mann kennengelernt haben?

Jetzt bin ich gerade so gar nicht romantisch eingestellt. Das war aber relativ romantisch. (*lacht*) Wir haben gegenüber voneinander gearbeitet. Mein Mann ist Messebauer, und unten war das Unternehmen, für das er damals tätig war. Ich habe direkt gegenüber in einem der Büros im oberen Stockwerk gearbeitet. Es war alles verglast, das heißt, ich hatte immer einen wunderbaren Ausblick auf den Hof. Und da war so ein kleiner vorgelagerter Trittbalkon; von dem aus konnte man den Messebauern zusehen. Das war tatsächlich ein bisschen wie in einer Coca-Cola-Werbung … Es war sehr warm, viele arbeiteten klassisch in der Jeans und oberkörperfrei, einfach wunderbar, da hat man so ein bisschen dahinschmachten können und war von der Arbeit abgelenkt. Mein Mann fiel mir auf, weil er so eine schlichte, aber doch auch dominierende Arroganz durch sein Auftreten hatte, wobei er an und für sich genau das verkörpert hat, was so gar nicht mein Fall ist.

Warum hat dann ausgerechnet er Ihr Interesse geweckt?

Zopf, lange Haare, nackter Oberkörper, Jeans, und trotzdem konnte ich seinen weichen Kern erkennen, eigenartigerweise, obwohl ich ihn ja gar nicht kannte. Und was mir immer besonders gefallen

hat, war, wenn er förmlich machohaft in den Wrangler Jeep hinein-
gesprungen ist und mit Karacho den Hof verlassen hat. Das hat
mir irgendwo imponiert und ich war ganz angetan von ihm und
habe mich immer gefreut, wenn ich ihm im Hof über den Weg
gelaufen bin.

**Wäre es denn nicht eine Option gewesen, ihn einfach anzuspre-
chen?**
Nein, das stand irgendwie außer Frage. Aber gleichzeitig habe
ich mir schon auch gedacht: »Den würdest du gerne mal näher
kennenlernen.« Dann kam mein großes Glück: Ich hatte seitlich
vom Bürogebäude meinen alten Fiat Uno geparkt, den ich heiß
und innig geliebt habe mit seinen 14 Jahren, das war einfach mein
Auto. Und dann ist mir eine Architektin beim Ausparken ins Auto
gekracht. Sie fuhr über den Hof, nahm 'ne Kurve und dabei sind
ihr wohl die Ordner vom Sitz gefallen, sie hat sich gebückt, um
sie wieder aufzuheben und da stand halt leider mein Uno und
»Peng«. Ihr ist zum Glück nichts passiert, aber mein Uno war
Schrott und dann kam sie auch gleich rauf und war völlig aufgelöst. Es tat ihr voll leid, mein Auto angefahren zu haben, und der
Schaden – wie sich im Nachhinein herausgestellt hat – war auch
größer als gedacht, Totalschaden. Sie stand mitten in unserem
Großraumbüro und es war ihr offensichtlich total unangenehm.
Ja, und mein Kollege der Alex, der zu der damaligen Zeit, also
fast 20 Jahre lang, so was wie mein Bruder war – frech wie Bolle –
sah sie also und war sofort Feuer und Flamme. Und schwupps,
stand er auch schon neben ihr. Wir haben dann einerseits die Ver-
sicherungsdaten ausgetauscht und zum anderen wollte sie das auf
ihre Art wiedergutmachen und meinte, als Entschädigung würde
sie mich gerne zum Essen einladen. Und von mir kam, warum
auch immer, wie aus der Pistole geschossen »Ja gerne, aber nur,
wenn er auch mitkommt«, und habe dabei auf meinen heutigen
Ehemann gedeutet.

Haben beide also in derselben Firma gearbeitet?
Ja, die haben Hand in Hand gearbeitet, zusammen die Stände geplant und, und, und. Alex hat dann sofort nachgeschossen und meinte: »Und auch nur, wenn ich auch mitkommen kann.« Das kam wirklich so bestimmt von uns beiden.

Da blieb ihr ja fast nichts Anderes übrig, als ja zu sagen.
Genau, und es ging dann auch recht schnell, dass ein Treffen stattgefunden hat. Wir haben uns in einem Lokal getroffen, haben Essen bestellt und wollten eigentlich zu viert einen netten Abend verbringen. Dazu kam es aber gar nicht, es ging so schnell, also der Alex hat sich den ganzen Abend nur mit der Architektin unterhalten und ich nur mit meinem zukünftigen Mann.

Das war also gleich irgendwie klar.
Wir waren so gefesselt voneinander, es war wirklich ein herrlicher Abend und das Lokal musste dann auch mal schließen. Auf jeden Fall wollten wir den Abend aber nicht so abbrechen und haben beschlossen, dass wir noch was unternehmen. Und sind dann noch in einen Club. Und da hat sich das Blatt gewendet. Ich war ja schon auch recht aufgeregt davor, ihn kennenzulernen, und wir hatten tatsächlich den ganzen Abend Zeit, auf Tuchfühlung zu gehen, das flatterte nur so *(lacht)*. Ich kannte ihn ja überhaupt gar nicht vorher, also nur vom Sehen. Und als wir dann in besagtem Lokal waren, hat sich alles gewandelt. Er wurde auf einmal so, ja, so ein bisschen ein Macho. Ich hatte den Eindruck oder das Gefühl, er will da jetzt seine ganze Männlichkeit unter Beweis stellen, I don't know. So wie es heute wahrscheinlich auf den Portalen ist, mit Selbstdarstellung und -zurschaustellung. Das gefiel mir überhaupt gar nicht, aber ich sah trotzdem weiterhin den weichen Kern in ihm. Und um wieder auf die Story zurückzukommen: Ich habe mich ja anfangs wirklich ausschließlich durch Blicke in ihn verguckt. Dann kam da halt der Cut an dem Abend und ich habe gar nicht verstanden, warum er

jetzt so komisch ist. Jetzt im Nachhinein betrachtet, war ihm das Ganze halt einfach nicht geheuer.

Dass es so gut lief?
Ja, er kannte das gar nicht, das hatte ihn tatsächlich auch irgendwie befremdet. Wir haben uns dann Wochen nicht gesehen beziehungsweise haben wir nichts voneinander gehört. Ich hab das dann auch gemieden, da so offensichtlich auf den Trittbalkon zu gehen und runterzugucken.

Und wann habt ihr euch dann wiedergesehen?
Das hat auf alle Fälle gedauert. Es fand ein Fest statt, das sogenannte Hausdachfest: Unten war die Messebaufirma, oben waren noch zwei, drei andere Firmen in diesem Gebäude und die haben jedes Jahr ein Hausdachfest gegeben unter einem bestimmten Motto, das natürlich die Messebauer immer aufgebaut haben. Sehr schöne Kulisse, sehr, sehr groß und wir waren auch eingeladen. Es waren bestimmt zwei oder drei Monate dazwischen und ich bin auch hingegangen, natürlich in der Hoffnung, ihn dort zu sehen, allerdings auf Krücken, weil ich gerade am Knie operiert wurde. Und da kam dann wieder das gleiche Bild, wie ganz am Anfang im Hof in mir auf, und da war sofort wieder alles da. Also haben wir den Abend miteinander verbracht, hatten Spaß und da war es wieder ganz normal. Ich hatte ihn aber bis zu dem Zeitpunkt noch nicht darauf angesprochen, was da in dem Lokal eigentlich los war. Der Abend ging dann recht lange, bis in die Morgenstunden und die anderen sind noch weitergezogen. Ich aber natürlich auf meinen Krücken nicht, und er hat mich ganz galant nach Hause gefahren.

Und dann, so langsam nahm das seinen Lauf. Wir haben uns danach noch öfter getroffen, ich hatte noch Urlaub dazwischen und danach erst, so peu à peu, hat sich das schließlich entwickelt. Aber hat schon noch 'ne ganze Weile gedauert. So, das war unser Kennenlernen.

Und hätten Sie ihn denn auf Tinder nach rechts oder links gewischt?

Gute Frage, ich hätte wahrscheinlich nein gesagt, also nach links geswipt, weil sein Bild, das hab ich ja auch eingangs schon gesagt, halt so gar nicht meinen Vorstellungen entsprochen hat. Er verkörpert einen ganz anderen Typus.

Das ist interessant! Viele Freunde und Bekannte, die glücklich in einer Beziehung sind und denen ich dieselbe Frage stelle, antworten ebenfalls großteils mit nein – nämlich auch beide Seiten. Woran glauben Sie, könnte das liegen?

Da stimme ich zu, also ich hätte bei dem Bild auch ziemlich sicher nein gesagt, aber da ist ein klassisches Beispiel für mich der Fußballspieler Cristiano Ronaldo. Der ist ein toller Fußballer, aber er wird mehr gehasst als geliebt. Er hat, was das betrifft, eine sehr ungünstige Außendarstellung. Das passiert – glaube ich – eben auch bei Tinder und Co. Weil es halt schwierig ist, durch dieses Posen und die Selbstdarstellung nicht rein das Äußerliche zu transportieren.

Und was würden Sie Leuten raten, die analog einen Partner suchen? Entweder einen guten Tipp, das Café oder die Bar oder so?

Frech sein auf jeden Fall, weil die Leute eh grundsätzlich eine viel zu große Scheu haben, und ich glaube auch, dass sich die meisten nicht umsehen. Man muss die Augen offen halten, weil ich tatsächlich glaube, dass es Zufallsmomente sind, aber diesen Zufall, den muss man erwischen. Ich glaube ja tatsächlich, dass das meiste im näheren Umfeld geschieht.

Da spricht auch die Statistik dafür.

Ja, glaube ich tatsächlich. Aber rausgehen, unbedingt rausgehen unter die Menschen, auf Partys, an die Isar, einfach das Haus verlassen. Und frech sein! (*lacht*)

3. KAPITEL

DAS PRALLE LEBEN

21. IDEE

Supermärkte:
Eingekauft werden muss sowieso

Beinahe schon eine Binsenweisheit: das Abchecken potenzieller Partner im Supermarkt und im Idealfall die Kontaktaufnahme. Für die zwei meiner Leser, die es wirklich noch nicht wissen: Man sieht natürlich sofort am Einkaufskorb, ob es sich um einen Single handelt oder nicht. Fertiggerichte, Wein, alles haltbar und in kleinen Mengen spricht eher für einen Junggesellen. Kleine Mengen an super frischen Dingen spricht für eine alleinstehende Dame, die keine drei Kinder durchfüttern muss. Bringt der Mann Damen-Hygieneutensilien mit? Oder kauft die Frau einen Kasten Bier? Dann sind die beiden höchstwahrscheinlich in einer Beziehung. Und schon die Menge liefert ja einen Hinweis darauf, für wie viele Personen eingekauft wird. Menschen, die für Familien einkaufen, agieren meist nicht im 100-Gramm-Bereich. Genauso aufschlussreich ist der Zeitpunkt des Einkaufs: morgens schlurfige Typen mit Dreitagebart? Das sind wahrscheinlich eher Freelancer, Existenzgründer und Selbstständige. Damen im Businesskostüm und auf Stöckelschuhen um 19.45 Uhr? Echte Karrierefrauen! Interessant sind Freitag- und Samstagabend, wenn potenzielle Singles noch schnell Getränke oder Snacks für die Party am selben Abend kaufen. Gut situierte Intellektuelle kaufen eher im Biomarkt, der Normalbürger wird sich mit dem schnöden Supermarkt zufriedengeben.

Ist einmal geklärt, wen man wann treffen kann und wie man erkennt, ob er oder sie geeignet ist, stellt sich die Frage, wie der Kontakt hergestellt werden soll. Man kann sich helfen lassen und Dinge, die oben im Regal stehen und die man natürlich im Grunde gar nicht einmal braucht, von einem freundlichen Herrn herunterreichen lassen. Man kann Kommentare zu Lebensmitteln abgeben, die der andere gerade betrachtet. Nach Rezepten fragen. »Kennen Sie sich aus?« – »Ist diese Ananas reif?« – »Haben Sie schon einmal Pastinaken gekocht?« – »Ich kann Ihnen den Tête de Moine empfehlen.« (Bei ratlosen Kandidaten an der Käsetheke.) Und auch in der Kassenschlange lassen sich gut ein paar Worte wechseln. Und lasst euch nicht von den grimmigen Mienen der anderen abschrecken! Das sieht meistens nur so aus, in Wirklichkeit freut sich beinahe jeder, wenn er sich mit seinen Mitmenschen austauschen kann. Und übrigens: Vergiss auch nicht die reizenden Menschen an der Kasse. Die süße Frau an der Kasse im Supermarkt um die Ecke gefällt dir? Dann ist das doch ein Grund, dort öfter einzukaufen – und einen Flirtversuch zu wagen.

Bekannte scannen

Ich finde, man sollte sich auch mal umsehen, wen man eigentlich so kennt. Ganz im Ernst. Hat man nicht schon lange einen Freund, der vielleicht doch auch der Lebenspartner sein könnte? Und den man eigentlich seit dem Sandkasten immer nur als Freund gesehen hat? Hat nicht der Steuerberater neulich erst erzählt, dass er seit drei Jahren Single ist und nicht die richtige Frau findet? Ist nicht die reizende Kollegin einfach nur schüchtern und wahrscheinlich in Wirklichkeit eine Traumfrau? Ich kann es nur empfehlen: Schreibt alle Menschen in eurer Umgebung auf, aber wirklich auch in der weiteren, von denen ihr wisst, dass sie noch zu haben sind, und fragt euch, ob das nicht die richtigen Menschen für euch wären. Die Statistik zeigt: Oft stellt sich die Liebe erst nach Jahren oder gar Jahrzehnten ein. Aber dann ist sie die verlässlichere Liebe. Also, versucht es!

Der Lift oder »Pecha Kucha«

Kennt ihr dieses japanische Präsentationsverfahren, in welchem man genau 60 Sekunden Zeit hat, um jemanden von etwas zu überzeugen?

Es heißt Pecha Kucha, japanisch für Plaudern, und ist einer Liftfahrt nachempfunden. Selbst wenn man dort mal zufällig seinen Chef oder seinen Kunden trifft und ihnen unwiderruflich ausgeliefert ist, ist man das eben nur für etwa 60 Sekunden. Okay, es muss ein wirkliches Hochhaus sein, sonst dauert die Fahrt sicherlich keine 60 Sekunden. Natürlich sollt ihr jetzt nicht die Liftfahrten nutzen, um einen Kurzvortrag über euch selbst zu halten. Aber über ein anderes Thema vielleicht? Oder zuerst einmal: Lifttüre aufhalten:

»Danke sehr! Das ist aber nett!«

»Das ist ja das Mindeste, was man tun kann an!«

»Das sagen Sie! Aber es ist doch nicht selbstverständlich.«

»Ach, … schreckliches Wetter heute übrigens …!«

»Es ist ja aber November …«

»Und bald ist Weihnachten! Dafür war der Sommer aber …«

Und so weiter. Der Beginn einer wunderbaren Liebesgeschichte. Ihr glaubt mir nicht? Merkwürdig, schon die ganze Zeit, während ich dieses Buch schreibe, habe ich das Gefühl, dass ihr mir nicht glaubt. Solltet ihr aber. Erstens weil das hier sonst ganz sicher keinen Sinn macht, weder dass ich das schreibe und der Verlag (danke Schwarzkopf & Schwarzkopf!) das Buch veröffentlicht, noch dass ihr gekauft habt, was ich geschrieben habe, und ganz sicher nicht, dass ihr es lest. Und zweitens weil es funktioniert. Alle Situationen, alle Gespräche habe ich in den letzten Jahren erlebt und geführt. Und ich bin weder die tollste noch die schönste noch die kontaktfreudigste, extrovertierteste, witzigste oder einfallsreichste Frau der Welt. Man muss einfach mal damit anfangen. Je öfter man sich traut, desto leichter wird es. Es beginnt, Spaß zu machen. Es wird eine Challenge. Und plötzlich …

Zurück in den Lift … Natürlich kann man die anderen Mitfahrenden fragen, in welches Stockwerk sie wollen. Macht einen Spaß über die vielen Menschen und deren nasse Regenschirme. Über nasse Hunde, die sich jetzt schütteln könnten. Erinnert euch an die Szene aus *Sex and the City*, wo das Kind nicht auf den Knopf drücken darf. (Ja, es ist eine Null, die Miranda da in dem Lift kennenlernt, aber das soll uns nicht hindern!) Und ich will jetzt nicht schon wieder mit Filmen anfangen, aber es gibt nicht umsonst so viele Filmszenen, die im Aufzug spielen. Denn der Aufzug befindet sich sozusagen außerhalb von Zeit und Raum, zwischen den Etagen, jenseits des Erdbodens, und da sollte doch alles möglich sein – wenn auch nur für 60 Sekunden!

Restaurants und Imbissbuden: Liebe geht durch den Magen

Neulich in Amsterdam. Es war wirklich wie im Film, ganz ehrlich! Wir saßen drinnen. (Zur Bekämpfung bestimmter persönlicher Krisen, die jeden Single hin und wieder überfallen, mussten Freunde von mir und ich unbedingt ein Glas Wein trinken.) Es war ein nettes, unprätentiöses Lokal, und durch ein großes Glasfenster hatte man die beste Aussicht auf jene Gäste, die draußen Platz genommen hatten. Da saß etwa eine hübsche junge Dame allein an einem Tisch, rauchte und schrieb WhatsApp-Nachrichten. Dazu ein Glas Weißwein. Wie es das Schicksal wollte, tauchte ein junger Mann auf und nahm am freien Tisch neben der jungen Frau Platz. Unsere persönlichen Probleme waren sofort vergessen, wir fühlten uns plötzlich wie im Kino und verfolgten gespannt, was nun passieren würde. (Um ehrlich zu sein: Wir benutzten all unsere telepathischen Fähigkeiten, um den jungen Mann dazu zu bewegen, die Frau anzusprechen. Wir hätten natürlich auch versuchen können, die Frau dazu zu bewegen, den ersten Schritt zu tun. Aber in diesem Fall sah es eher danach aus, als ob er vielleicht etwas unternehmen würde. Sehnen wir uns nicht alle immer mal wieder nach den Anfängen einer glücklichen Liebesgeschichte? Und besser als im Film ist es doch im echten Leben!) Er bestellte Weißbier, Burger und Pommes. Sie hörte auf, WhatsApp-Nachrichten zu schreiben, und ihre Körpersprache zeigte an, dass sie ihn interessant fand: Den ihm zugewandten Arm legte sie auf die Stuhllehne neben sich, sodass sie ihm ganz zugeneigt dasaß. Aber nichts passierte. Bald war der halbe Burger aufgegessen und mehr als ein halbes Weißbier ausgetrunken.

Das schien nichts Gutes zu verheißen. Vielleicht wollte er ja wirklich einfach nur etwas essen? Enttäuschung machte sich bei den Zuschauern breit. Doch dann, als beinahe schon jede Hoffnung aufgegeben war, fasste er sich ein Herz und reichte ihr die noch unberührten Pommes frites rüber und bot ihr welche an. Hach! Eine großartige Idee, ein wunderbarer Eisbrecher! Sie nahm zwar keine, aber ein Gespräch kam in Gang, bald wurde gelacht und gekichert, und bis wir endlich bezahlt hatten und das Restaurant verließen, hatten die beiden schon nur noch Augen für sich und keine mehr für ihre Umwelt. Ganz leicht im Grunde, oder? Das richtige Deuten von Signalen. Denn hätte sie kein Interesse gehabt, hätte sie sich wohl weiter auf ihr Handy konzentriert. Essen teilen? Eine verbreitete Handlung zwischen Menschen. Könnte man auch als freundschaftliche Geste abtun, falls man Angst vor Blamagen hat. Denn man kann ja nicht einfach die ganzen Pommes alleine essen, wenn jemand neben einem sitzt, der keine hat, oder? Wenn aber der andere richtig positiv reagiert, hat man plötzlich Kontakt hergestellt. Und kann sehen, was passiert, was sich entwickelt. Und im Grunde genommen geht es ja nur darum. Selbst in einem schicken Restaurant.

Ein wahrhaft schickes Restaurant mag ja zunächst als ein nahezu gänzlich unpassender Ort erscheinen, um als besagter Single möglicherweise mit dem zukünftigen Partner den ersten Kontakt aufzunehmen. Anders als in Bars, Clubs und ähnlichen Etablissements, die Singles bekanntermaßen regelmäßig aufsuchen, in der Hoffnung, vielleicht in einer durch den Konsum diverser alkoholischer Getränke gelösten Stimmung und Atmosphäre den oder die Richtige(n) zu finden, stellt sich dies in Restaurants als schwieriger heraus. Da man in den meisten gehobenen Lokalen doch einen gewissen Wert auf Manieren legt und du höchstwahrscheinlich Gefahr läufst, hinausgeworfen zu werden, wenn du durch das Überschreiten deiner alkoholischen Konsumgrenze nicht mehr fähig bist, dich in angemessener Art und Weise zu verhalten, musst du auf eine zu sehr »gelockerte« Stimmung wohl zunächst verzichten. Zudem ist es in Speiselokalen üblich, seinen Platz, ausgenommen ist natürlich das gelegentliche Aufsuchen der Toilette, bis zum Ende seines Besuches nicht mehr zu verlassen. Ebenso bleiben die meisten eher unter sich und haben nicht die Intention, den Mittag oder Abend damit zu verbringen, neue Bekanntschaften zu schließen. Doch wir alle wissen auch, dass sich im Leben hin und wieder Zufälle ereignen, die man niemals für möglich gehalten hätte, und die, wenn einem das Schicksal wohlgesinnt ist, sogar von positiver Natur sein können. Diese mögen sich bei einem Restaurantbesuch wie folgt darstellen:

Beginnen wir zunächst mit einer noch gar nicht mal so unwahrscheinlichen Begebenheit. Bei jedem Lokalbesuch tretet ihr mit einem Menschen in Kontakt, dem ihr (in den meisten Fällen) vorher noch nie begegnet seid und der somit einen geeigneten Kandidaten für die Partnersuche darstellt. Gemeint ist niemand anderes als dein Kellner, bei dem du während deines Aufenthaltes vermehrt die Möglichkeit hast, ein erstes freundliches Gespräch zu beginnen. Du musst hier auch gar nichts überstürzen und gleich am Ende deines Besuchs Nummern austauschen, da besagte Person wohl auch beim nächsten Mal noch am selbigen Ort aufzufinden sein wird. Einfach mehr und öfter essen gehen!

Doch auch das In-Kontakt-Treten mit anderen Gästen ist nicht von vornherein auszuschließen. Zugegebenermaßen bieten sich hierfür nicht unglaublich viele Möglichkeiten. Siehe die Geschichte von oben. Aber was ganz sicher funktioniert: Wenn man alleine an einem Tisch sitzt und neben einem sitzt auch jemand allein, dann ist es schon fast ein Akt der Höflichkeit, ein paar Sätze zu wechseln und sich dann ein Herz zu fassen und zu fragen, ob man sich nicht zusammen an einen Tisch setzen möchte. Denn seien wir mal ehrlich: Wer isst schon wirklich gerne allein? Und sollte es doch einmal so sein, ist es ja ein Leichtes für das Gegenüber zu sagen, dass man heute doch lieber allein bleiben möchte. Oder du fragst, ob du etwas ausgeben darfst. (Mir fällt gerade auf, dass sich in Filmen immer Menschen auf diese analoge Weise treffen. Drehbuchautoren müssen nämlich Menschen zusammenbringen, um die Story in Gang zu bringen. Zum Beispiel in *Mondsüchtig*: Da ist Lorettas Mutter allein in einem Stammlokal und wird Beobachterin einer Szene, in der eine junge Frau einem älteren Mann wutentbrannt ein Glas Wein ins Gesicht schüttet. Die junge Frau verlässt das Lokal, und der Mann entschuldigt sich bei den Menschen, die um ihn herumsitzen und essen. Erst so kommt er mit Mrs Castorini in Kontakt und fragt, ob er sich zu ihr setzen darf. Was ich damit sagen will: Wir müssen gute Drehbuchautoren sein und solche Szenen für unser Leben schreiben, weil sich sonst niemals eine auch nur halb so interessante Geschichte wie in einem Film ergeben wird.

Auch ein idealer Drehort für eine solche Szene ist ein Lokal, in dem ein Buffet angeboten wird, weil es einem die Möglichkeit gibt, ganz leicht mit jemandem ein Gespräch anzufangen, indem du zum Beispiel beginnst, über die angebotenen Speisen und/oder die Location zu sinnieren. Denn über Essen reden wohl die meisten Menschen äußerst gerne.

Dabei kann man auch sehr gut Charakterstudien betreiben: Sofort erkennt man die Mäkeligen, die Genießer, die, die zum Personal nett sind, selbst wenn etwas mal nicht wie am Schnürchen läuft, und deren Gegenteil: die Großzügigen und die Großkotzigen.

Vielleicht suchst du dir, wenn du das nächste Mal in ein Restaurant gehen willst, ja auch eine etwas außergewöhnlichere Lokalität aus. Wie wäre es mit einem Etablissement, das ein sogenanntes Dinner in the Dark anbietet? Solch eine ungewohnte Situation, in gänzlicher Dunkelheit zu speisen, ist zunächst wohl für jeden neu und aufregend, womit gleich zu Beginn eine ungezwungene lockere Atmosphäre herrscht. Gut möglich, dass hier mal etwas umgeworfen wird, man sich mit dem, was eigentlich in den Mund soll, bekleckert oder Gespräche mit seinen Tischnachbarn, beispielsweise über jene nicht alltägliche Situation, aufnimmt, für welche man sonst nie wirklich einen Grund gehabt hätte. Wer weiß, eventuell ist unter diesen Tischnachbarn ja der oder die eine, mit dem/der man auch danach noch weiterhin in Kontakt bleiben will, nachdem man wieder in die Helligkeit und damit in das gewohnte Leben geführt worden ist. Auch hier darf das Personal erneut nicht außer Acht gelassen werden, noch dazu kannst du hier gewissermaßen gleich testen, ob du ihm wortwörtlich »blind« vertrauen kannst, ist er es doch, der dich während der Dauer deines Aufenthaltes durch den Abend führt.

25. IDEE

Coffee to stay – Das Café

Die Blütezeit des altehrwürdigen Kaffeehauses fernab der Touristenpfade mag als passé gelten. In Zeiten des »Coffee to go« im Einwegbecher und der Soja-, Karamell- und Halbfettlatte hat der Kaffee als Genussmittel den Charakter des schnell sich einzuverleibenden Accessoires und der Armverlängerung für alle Arbeitswütigen angenommen. Was aber nicht ganz der Wahrheit entspricht, denn es gibt sie noch, die Kaffeehausmenschen, die ihre freien Tage in der gemütlichen Umgebung der Plüschmöbel und Röstaromen verbringen. Das Kaffeehaus kann als Institution gelten, die den Charakter einer Stadt auf den Punkt zu bringen weiß und nicht zuletzt als Kultureinrichtung die Stadtlandschaft bereichert. Darum also »Auf, auf!«, raus aus den eigenen vier Wänden und rein ins Café. Als Einrichtung hat es zudem einen unschlagbaren Vorteil gegenüber den Kneipen, Schnellimbissbuden und Restaurants: In der öffentlichen Umgebung kann man sich trotzdem in sehr intimen Sphären fühlen. Das Café als das zweite Wohnzimmer bietet einen geschützten Raum, in dem nichts von einem erwartet wird. So gesehen ist also gar nicht viel Überwindung und Überzeugungskraft nötig, um nicht gleich mit dem Pappbecher weiter zu hechten, sondern sich in einen Sessel plumpsen zu lassen und einfach mal zu sitzen, zu schauen und zu genießen.

Das Kaffeehaus lädt ein, zu verweilen. Über einer Tasse heiß-schwarzem Brühgetränk lassen sich gediegene Unterhaltungen führen, hitzige Diskussionen lostreten und gemütlich das Kommen und Gehen der Gäste beobachten, während man gedankenverloren in seinen Cappuccino-Schaum pustet. Und was könnte versöhnlicher stimmen als ein herrliches Stück Mehlspeise oder Spritzgebäck, das die Gemüter besänftigt und Glückshormone sprudeln lässt. Spätestens beim gemeinsamen Stück Schokokuchen kann man dann beweisen, dass man dem anderen sehr positiv zugeneigt ist: Das Café als Mikrokosmos vereint unterschiedlichste Menschen, die sich gerne in Gesellschaft begeben, ohne dabei zwangsweise gestört zu werden.

Und das Kaffeehaus ist auch ein wunderbarer Ort für erste Begegnungen. Das mag widersprüchlich klingen nach der Annahme, allein unter Menschen zu sein. Genau hier befindet sich aber die Keimzelle der Café-Charme-Offensive: Es muss nicht immer gesprochen werden, und wie war das noch mal mit den 1.000 Worten? Und was ist schöner als ein schüchterner Blickwechsel über dem Kaffeetassenrand, von einer Tischkoje zur nächsten? Porzellan schmiegt sich an Porzellan, Löffel werden behutsam in regelmäßigen Kreisen geführt, und in der Hitze des Kaffeegelages kann schon mal die Brille beschlagen. Dabei sind auch die Zeitschriften und Zeitungen, die sich meist tagesaktuell auf den Tischen türmen, nicht zu verachten. Als Gadget können sie nämlich neben der Informationsbeschaffung als Barriere dienen, hinter der es sich verschanzen, keck um die Seitenecke blinzeln und zudem noch als sicheres Gegenmittel dem Small Talk gegenüber gebrauchen lässt, da bleibt es nicht beim Wettertrend der nächsten Woche.

Man sollte also in Cafés voll und ganz in den Beobachtungsmodus fallen, die Augen schweifen lassen und sich der Geräuschkulisse hingeben. Und, who knows, vielleicht wird aus einem unschuldigen Blickwechsel ja eine Kaffeehausromanze, die bald auf die Speisekarten gedruckt wird.

Autohäuser, Werkstätten und Automobilclubs

In einer Zeit, in der weder Frau noch Mann genau weiß, wie man flirten kann und soll, wie weit man sich vorwagen darf, wer den ersten Schritt macht, die Rechnung bezahlt, ob man der Dame in den Mantel hilft oder ob das hoffnungslos altmodisch ist etc., kann es doch eine reine Wohltat sein, sich in ein Gebiet vorzuwagen, wo im Grunde noch die gesellschaftlichen Regeln des 19. Jahrhunderts herrschen; auch wenn die Technik der Hochleistungs- und computergesteuerten Autos, der SUV und Elektromobile eine andere Sprache spricht. Hier regieren die Männer, und hier sagen die Männer, wo es langgeht. Glaubt mir, ich habe Erfahrung. Die letzte Leasing-Erneuerung meines Firmenwagens in Landshut bei BMW führte in meinem Freundeskreis zu höchster Anteilnahme und zu Gelächter, weil es einfach zu skurril und zu schön war: Zunächst musste unbedingt die Frage geklärt werden, wo denn eigentlich mein Mann sei. Nachdem ich mehrere, offensichtlich kaum glaubwürdige Versuche unternommen habe, zu versichern, dass es diesen Mann eben nicht gibt, lässt sich der charmante Verkaufsberater dann doch auf mich alleine ein. Nun gibt es zahlreiche technische Details zu klären. Ich verstehe tatsächlich viel von Rechnern oder iPhones, ich kann eine Spülmaschine anschließen und habe auch schon selbst einen Tisch geschreinert, aber ich habe wirklich keine Ahnung von Autos. Mir ist wichtig, dass ein Auto fährt. Und dass es schön aussieht. Und dass es eine Sitzheizung hat. Der Verkäufer dagegen spricht in einer Fremdsprache zu mir: technische Details en masse. Ich verstehe wenig bis gar nichts. Der Verkaufsberater wischt sich buchstäblich den Schweiß von der Stirn. Ich kichere in mich hinein. Dann mache ich ihm Mut: »Ich verstehe zwar wenig davon, aber ich liebe doch Ihre Autos!« Und jetzt liebt er mich. Er kommt in Fahrt, er erklärt hingebungsvoll alles, alles, alles, alle Möglichkeiten. Man schreitet voran. Es gibt Kaffee. Das Gespräch gleitet ins Private. Und irgendwann ist sogar das Auto ausgewählt.

Obwohl ich jetzt auch noch beschreiben könnte, wie lustig es ist, wenn ich dann mit drei Töchtern und meiner Mutter ausschwärme, um das neue Auto aus einem dieser neuartigen, riesenhaften Tempel abzuholen, die man neuerdings nicht mehr Göttern, sondern Automarken errichtet. Man kriegt zwar ein prunkvolles Buffet umsonst, eine Führung durch die Produktion und einen Besuch im Museum, aber dafür muss man sich dann doch auch wieder einen zweistündigen Einführungsvortrag über technische Details anhören. Allerdings machen das meistens schon wieder reizende junge Männer, denen man anmerkt, dass es eine Herausforderung ist, mit fünf Ahnungslosen zu sprechen. Aber sie schlagen sich immer sehr gut! Frau bekommt dann einen hübschen Blumenstrauß vom Autohaus übermittelt. Ich sage es ja: 19. Jahrhundert! Das wollte ich aber eigentlich gar nicht alles erzählen, sondern ich wollte den Damen Mut machen, sich auf ein Terrain zu begeben, das den Männern gehört. Spielt einfach mal die Ahnungslose, selbst wenn ihr es nicht seid, und lasst euch nicht nur von den Verkaufsberatern, sondern auch von allen anderen anwesenden Männern die Welt des Autos erklären. Ihr müsst nicht mal wirklich ein Auto kaufen wollen. Ihr dürft ruhig auch luxuriöse Autos Probe fahren, davorstehen, schauen und schwärmen oder euer altes Auto reparieren lassen. Und nein, das heißt jetzt nicht, dass ihr Fotos von euch im Bikini auf einer Motorhaube rekelnd online posten sollt, aber Frauen, die das machen, wissen, warum: weil viele Männer Autos einfach nicht widerstehen können. Ihr könnt auch überlegen, welches Auto euer Traummann eigentlich fahren sollte und in den passenden Automobilclub eintreten. Meine Freundin Annemarie fährt einen Saab aus den 80er-Jahren und ist im Automobilclub: Treffen, Oldtimertouren und Spezialistentum. Und man glaubt kaum, wie viele Männer sie auch im normalen Leben da draußen auf dieses Auto ansprechen. Also lasst euch auf Autos ein, auf den Geruch der Autoreifen und auf die begeisterten Männer, die alles über diese Autos wissen. Außerdem wäre eine gemeinsame Spritzfahrt doch schon mal eine schöne Art, sich kennenzulernen.

27. IDEE

Lesestoff und Liebesglück: Buchläden

Wird die gewöhnliche Ratte von einem feinen Stückchen Käse oder Speck angezogen, so wird die Leseratte von den mehr oder weniger dicken Schinken in einem Buchladen angelockt. Die Leseratte (lat. rattus legendi) sucht das ganze Jahr über nach neuen Büchern und bei Bedarf nach neuen Partnern. Zum gemeinsamen Vorlesen und Lesen oder um über Literatur zu diskutieren.

Hier sind die wichtigsten Tipps für das Knüpfen neuer Kontakte im Buchladen. Ein Vorteil besteht darin, dass man bereits hier unpassende Kandidaten eliminieren kann, indem man alle ausschließt, die in unliebsamen Abteilungen herumsuchen oder in Regalen stöbern, von welchen man sonst eher Abstand nimmt. So kann man also das Feld der »Nahrungssuche« mit dem Feld der möglichen Partner kombinieren.

Streift man nun durch eine Abteilung im Buchladen und stöbert in den Regalen, aus denen man ab und zu ein Buch nimmt, um darin zu schmökern, so darf man dennoch die anderen Leseratten nicht aus dem Blick verlieren. Erblickt man ein attraktives Exemplar, so schnappt man sich unauffällig das gleiche Buch. Damit lässt sich einfach ein Gespräch über ähnliche Interessen eröffnen. »Interessieren Sie sich auch für das neueste Buch von XY?« – »Von diesem Autor habe ich bereits alle Bücher dieser Reihe gelesen. Sie sind ausgezeichnet …«

Hat man den ersten Kontakt hergestellt, kann man beginnen, sich gegenseitig Tipps für neues Lesefutter zu geben.

Natürlich macht man besonders schnell Eindruck auf andere Leseratten, wenn man diesen bereitwillig Hilfe anbietet, besonders in Form des guten Geruchssinns für neuen Lesestoff, oder sein Wissen über die verschiedenen Ecken und Winkel des Buchladens unter Beweis stellt.

Egal, ob ihr Vorschläge für neue Bücher gebt oder jemandem den Weg durch das Labyrinth Buchladen zeigt: Beides ist eine Chance, eine nette Person kennenzulernen. Bücherwürmer unter sich. Fossilien im digitalen Zeitalter. Die Augen vergrößern durch die Weitsichtigkeits-Brille. Wo stöbert der oder die andere? Lebenshilfe? Reiseführer über Samarkand? Chinesisch-Lexika? Kinderbücher? Kochbücher? Alles, was mit Büchern zu tun hat, kommt todsicher in die Top Ten.

Leichter kann man nicht ins Gespräch kommen. »Ach, dieses Buch liebe ich!« – »Mögen Sie historische Romane?« – »Ach, Sie reisen nach Paris? Wie romantisch!« Ist Sympathie vorhanden und ist der erste Kontakt hergestellt, so bieten viele größere Buchläden die Möglichkeit, sich mit einem Kaffee oder einem beliebigen anderen Heißgetränk in einer ruhigen, gemütlichen Ecke zusammenzusetzen. So kann man direkt vom gemeinsamen Bücherkauf zu einem richtigen Date übergehen und sich auch über andere Themen jenseits der Leidenschaft für das gedruckte Wort austauschen.

Wie man sieht, bietet der Buchladen, der Lebensraum der Leseratten, viele Wege, Kontakte zu knüpfen – und vielleicht auch die große Liebe zu finden.

Bibliotheken: Finde »die Eine«

Zu Beginn des Studiums sucht sich jeder Studierende »die Eine« aus: Die eine Bibliothek, in der man in den nächsten 3–6 Jahren seine Zeit verbringen wird, in der man Zusammenbrüche erleben wird, in der man Momente der Erkenntnis hat, in der man stagniert. Und man wird sich nicht nur die Bibliothek aussuchen, sondern auch den alles entscheidenden Platz. Denn nur an diesem einen bestimmten Platz stimmen alle Faktoren überein: die benötigten Bücher sind in Regalen in unmittelbarer Nähe; die Toilette ist weit genug entfernt, sodass der Gang zur Toilette eine willkommene Abwechslung ist und der Kreislauf wieder in Schwung kommt, aber doch nah genug, um die Wasserflasche jederzeit auffüllen zu können. Der Platz der Wahl muss außerdem sowohl im Sommer als auch im Winter wohltemperiert sein: Im Sommer sollte der Platz nah an einem Fenster sein, damit jederzeit genug Sauerstoff für den angestrengten Kopf vorhanden ist, er darf aber nicht im Schatten liegen; im Winter sollte er nah an einer Heizung sein, denn lernende Körper kühlen rasch aus. Offensichtlich ist es eine Wissenschaft für sich – und selbiges gilt natürlich für alle, die gerne in der Bibliothek arbeiten, nicht nur für Studierende.

Es gibt noch einen letzten Faktor, der entscheidend ist für das Gelingen einer jeden Abgabe oder für den Erfolg des Studiums. Dieser letzte Faktor nennt sich »Lernstern«. Noch nie gehört? Ein Lernstern ist jemand wie der süße Philosoph, der sich »seinen Platz« zwei Reihen vor dir gesichert hat. Ein Lernstern ist so jemand, der

»deinen Platz« perfektioniert. Denn du wirst Stunden über Stunden in dieser Bibliothek verbringen, von früh bis spät, mindestens sieben Tage die Woche. Am Ende der Lern- und Schreibphasen wird dir die Mohnschnecke in der dritten Mittagspause nicht mehr helfen, um über Stagnation und Überforderung hinwegzukommen. Früher oder später wirst du alles hinschmeißen wollen, aber dein Lernstern wird dich retten.

Bisher weißt du nur, dass er Philosophie studiert, wer sonst hat Heidegger und Kant auf seinem Schreibtisch liegen. Ihr habt noch nicht miteinander geredet; bisher gab es nur Blicke. Aber welche. Die Anspannung steigt, aber nicht nur, weil die Abgabetermine immer näher rücken. Die Anspannung steigt, weil ihr euch jeden Tag seht. Es gibt Blicke, wenn er sich auf seinen Stuhl vor dir setzt und umständlich seine Bücher auf dem Tisch drapiert, um immer wieder einen Blick nach hinten zu werfen. Die Anspannung steigt, wenn ihr euch auf der Suche nach Büchern über den Weg lauft. Nicht zuletzt steigt die Anspannung, weil ihr ja nicht miteinander reden könnt. Zum einen, weil jedes Wort mit bösen Blicken von den Kommilitonen und der Bibliotheksaufsicht geächtet wird. Zum anderen kennt ihr euch ja überhaupt nicht! Was sollte man denn schon sagen. Auch wenn es vorerst ganz anders wirken mag, es ist keinesfalls unnütze Zeit, die in solche Gedanken und Blicke investiert wird. Denn einerseits kann man ja eh nicht zehn Stunden am Stück lernen; jede Träumphase, die du einschiebst, macht dich umso produktiver. Andererseits werden sich deine Lernzeiten automatisch anpassen, selbst wenn dein Lernstern gar nicht da ist. Denn was, wenn er um 17.00 Uhr noch nicht in der Bibliothek erschienen ist? Vielleicht musste er ja arbeiten und kommt erst später? Man kann ja noch zehn Minuten anhängen. Und wenn man schon einmal dabei ist, kann man gleich ein bisschen länger bleiben. Und falls er nicht mehr kommt, so muss er doch auf jeden Fall am nächsten Tag kommen und den eigentlich geplanten freien Tag kann man dann ja durchaus auch etwas aufschieben. Da sich jeder »seinen

Platz« gesucht hat, ist darauf Verlass. Der Lernstern hilft also, die eigenen Lernphasen zu intensivieren und zu verlängern!

Und irgendwann passiert es. Es ist schon spät, du bist eine der Letzten in der Bibliothek. Heute ist ein guter Tag, heute ist ein konzentrierter Tag, du bist in deine Texte versunken. Und plötzlich merkst du, dass dein Lernstern auf dich zukommt und neben dir Platz nimmt. Er zieht zwischen den Bücherstapeln eine Tafel Schokolade heraus! Das ist in der Bibliothek doch gar nicht erlaubt! Ein Bad Boy also. Und er schiebt dir einen Riegel Schokolade zu. Ein Lächeln, aber du musst rasch gehen. Und als du Stück für Stück zusammenpackst, siehst du, dass auch er seine Bücher wieder einräumt, und dich anguckt. Schweigend geht ihr gemeinsam die Treppe hinunter und gebt den Bibliotheksausweis nacheinander ab. Und endlich, bei den Schließfächern, hört das Schweigen auf.

29. IDEE

Sommer

Der Sommer wird hier extra als Tipp aufgeführt, weil er tatsächlich andere neue Möglichkeiten bietet, Menschen kennenzulernen, als die anderen Jahreszeiten. Ich weiß, dass das nicht jedermanns Sache ist, manch einer leidet ja sogar an einer Sommerdepression, aber alle, die gerne luftig bekleidet in Flipflops durchs Leben gehen, sollten im Sommer mit der Suche nach dem Traumpartner starten! (Falls ihr das Buch im Winter lest und ihr Sommermenschen seid, soll das jetzt aber nicht als Ausrede dienen, sicher findet sich auch ein ganzjährig durchführbarer Tipp, und sei es das örtliche Wellenbad!) Da ist zum einen mal der Biergarten/Wirtsgarten. Es wird gern gesehen, dass man sich die großen Biergartentische teilt, sich also dazusetzt und über Bier und Schnittlauchbrot ins Gespräch kommt. Wenn man seine Brotzeit mitbringen darf, kann man den Tischgenossen etwas davon anbieten, ein sehr charmanter Gesprächseinstieg. Dann sind da die vielen schönen Plätze in Städten, die nur dazu gebaut worden zu sein scheinen, dass man dort im Sommer abhängt, sich eventuell etwas zu trinken mitnimmt und das Flair genießt. Und auch hier kommt man wirklich leicht ins Gespräch. Das fängt schon im Frühjahr an, wenn die Geranien blühen, ich denke nur an den wunderschönen Gärtnerplatz in München, die Stufen vor dem Gärtnerplatztheater, die Stufen vor der Bayerischen Nationaloper, den Königsplatz, die Kolonnaden vor dem Neuen Museum in Berlin, schöne Plätzchen am Main in Frankfurt und so weiter, ihr wisst, was ich meine. Dazu hat die moderne Vergnügungsgesellschaft ja auch Strände in der Großstadt erfunden, also Plätze, an denen Sand aufgehäuft wird, meistens an Flüssen, und alle tun dann so, als ob sie an einem exotischen Strand wären. Das ist wirklich auch sehr lustig, und natürlich ist hier Flirt-Atmosphäre gegeben. Zur Verstärkung derselben werden auch Cocktails gereicht, und es wird natürlich flippige Musik gespielt. Dazu kommen dann noch die ganzen Straßenfeste, Open-Air-Kinos, Open-Air-Theater, Blade Nights und, und, und. Ihr wisst ja, dass sich die allermeisten Menschen im August ineinander verlieben, oder? Der Sommer macht irgendwie lässiger, die vielfachen Gelegenheiten, sich unkompliziert draußen zu treffen, tun ihr Übriges.

30. IDEE

Kirche

Wenn man zwar getauft ist, aber vom genauen Ablauf eines Gottesdienstes nur noch blasse Erinnerungen an die eigene Kommunion oder Konfirmation hat – wann aufstehen, hinsetzen, knien, … wie ging noch mal das Glaubensbekenntnis oder das Vaterunser?! –, sollte man zunächst etwas Zeit investieren oder sich gleich an den Hinweis für Atheisten halten. Für einigermaßen routinierte Kirchgänger ist ein Gottesdienst allerdings der perfekte Ort, um jemanden kennenzulernen, der immerhin schon mal die eigenen Werte teilt.

Wichtig ist nur, die Spielregeln zu kennen – die offensichtlichen und (fast noch wichtiger) die versteckten. Doch nur keine Angst: Wir schaffen Abhilfe! Dass hier vorrangig die katholische Perspektive eingenommen wird, ist zum einen der persönlichen Entwicklungsgeschichte geschuldet, liegt aber auch daran, dass es im evangelischen Gottesdienst in aller Regel weniger streng und mystisch zugeht, man also auch nicht so schnell Gefahr läuft, in für alle anderen offensichtliche Fettnäpfchen zu stolpern; doch egal, um welche Kirche es sich handelt (siehe oben, ich kann mich nur wiederholen): Für einigermaßen routinierte Kirchgänger ist ein Gottesdienst der perfekte Ort, um jemanden kennenzulernen, der immerhin schon mal die eigenen Werte teilt.

Fangen wir bei der richtigen Wahl des Sitzplatzes an: Frauen sitzen links, Männer rechts im Kirchenschiff. Zumindest auf dem Land. Warum das so ist? Nun ja, da gibt's verschiedene Theorien: rechts gut, links verdorben? Wer weiß … Das Ganze erschwert es leider ein bisschen, herauszufinden, wer tatsächlich Single ist. Oder bei wem man wütende Blicke der Verlobten oder Gattin riskiert, wenn man bei allzu verschwörerischem Augenzwinkern in Richtung der besseren Hälfte ertappt wird. Aber wie gesagt, bevor man die ersten Flirtversuche im Gottesdienst startet, sollte man sich schon eine Weile vorher regelmäßig dort blicken lassen. Einerseits, um die Lage zu sondieren, und andererseits, um nicht als »Kirchentourist« abgestempelt und ignoriert zu werden. In manchen Kirchen sind in den Kirchenbänken sogar Namensschildchen angebracht. Die kann man in der Regel aber ignorieren, da sie aus einer Zeit stammen, in der man sich über das sogenannte Stuhlgeld (und vor allem über die Höhe desselben) die besten Plätze für sich und die Familie erkaufen konnte. Dass diese Tradition heute überholt ist, schützt übrigens nicht davor, doch noch durch oft ältere und in der Regel erboste Herrschaften vom gewählten Platz vertrieben zu werden, die die Familientradition bis heute aufrechterhalten. Manche Kirchen halten von diesen Traditionen allerdings überhaupt nichts, sodass es gar keine Platzregelung gibt. Hach, es ist kompliziert! Auf Nummer sicher geht man daher, wenn man einen Platz im mittleren Bereich wählt, aber natürlich so weit hinten, dass man immer noch einen guten Überblick über die weiteren Besucher hat. Ganz hinten sitzen in der Regel die älteren Besucher, vorne die Kinder.

Da wir uns in einem eher konservativen Metier bewegen, ist auch die passende Garderobe nicht zu vernachlässigen. Man muss selbstverständlich nicht im züchtigen Büßergewand aufkreuzen, sollte aber zumindest verhindern, dass die Oma in der hinteren Bank in Schnappatmung verfällt. Man will ja schließlich in den Kreis aufgenommen werden, auch wenn man vielleicht neben dem eigenen Seelenheil noch das ein oder andere näherliegende Ziel verfolgt. Stilvoll-klassisch ist also sicher nicht verkehrt. Es darf natürlich auch nicht zu unauffällig sein – wir wollen ja immerhin auf uns aufmerksam machen. Hier ist tatsächlich Fingerspitzengefühl gefragt, um im Balanceakt zwischen langweilig-bieder und aufgetakelt die goldene Mitte zu finden, die zwar wohlwollend bemerkt werden darf, aber keinen Anlass zur Beanstandung bietet. Meine Oma konnte beispielsweise nach jedem Kirchgang genau sagen, wer zum wievielten Mal hintereinander das gleiche »Gwand« anhatte oder – gleichermaßen verwerflich – »scho wieder!« in einem nagelneuen Mantel auftauchte. Denn seien wir ehrlich: Abgesehen von den offiziellen Gründen, einen Gottesdienst zu besuchen, ist es vor allem auch das Sehen und Gesehen werden, das der wöchentlichen Routine ihren Reiz verleiht!

Eine großartige Möglichkeit, um auf positive Weise zu mehr Aufmerksamkeit zu gelangen, ist es übrigens, sich aktiv in die Gestaltung des Gottesdienstes einzubringen, beispielsweise als Lektor. So schlägt man zwei Fliegen mit einer Klappe: Man wird gesehen und hat auch noch einen zusätzlichen Zeitvertreib. Oder man geht zu einer der Veranstaltungen, die die Kirche außerhalb der Gottesdienste noch anbietet wie Konzerte, Workshops …

Atheisten sollten sich vorab die Frage stellen, ob für sie überhaupt infrage kommt, jemanden zu daten, der mehr oder minder gläubig ist. Ansonsten birgt das Thema zumindest langfristig gesehen ein nicht zu unterschätzendes Konfliktpotenzial. Hat man damit kein Problem, bieten sich für den Kirchgang mit geheimer Mission die Tage im Jahr an, an denen sich auch zahlreiche andere nicht so routinierte Kirchenbesucher an ihren Taufschein erinnern und in die Gotteshäuser pilgern: Weihnachten, Ostern und – besonders gut geeignet! – Hochzeiten von Freunden. Beerdigungen sind diesbezüglich ein etwas heikles Terrain, wohingegen Friedhöfe (vor allem diejenigen mit berühmten Grabstätten wie der Wiener Zentralfriedhof oder der Münchner Nordfriedhof) wiederum spannende Orte für ein Date darstellen können. Aber dazu gibt es an anderer Stelle in diesem Buch einen ausführlicheren Tipp.

31. IDEE

Arbeit, Studium, Ausbildung:
Papstregesten kollationieren

Sich während des Studiums, der Ausbildung oder in der Arbeit kennenzulernen ist total normal. Immerhin lernen sich circa 20 Prozent der Menschen beim Arbeiten kennen. Nur Onlinedating liegt noch davor – aber davon wollen wir ja nichts wissen. Und deswegen dürfen wir Arbeit, Ausbildung und Studium hier nicht außer Acht lassen: Dass sich jedes fünfte Paar bei der Ausbildung oder im Beruf kennenlernt, ist nämlich eine ganz schön große

Zahl. Wenn man eine Stelle neu antritt, ein Studium beginnt oder eine Ausbildung, dann ist es ja auch wirklich ganz leicht: Man muss sich nur die Leute anschauen, die einen umgeben. Und nirgendwo lernt man sich besser kennen als in der Arbeit, weil man die Leute scannen kann, beobachten, wie sie sich verhalten – wenn der Chef motzt, wenn das Essen in der Kantine schlecht ist oder einem die Arbeit über den Kopf wächst. Und nirgendwo lernt man sich leichter kennen: am Kopierer, in der Kantine, es ist doch völlig klar, dass man da mal ein paar Worte wechselt. Dazu kommen Betriebsausflüge, Weihnachtsfeiern, Meetings, Auswärtstermine und, und, und. Nutzt einfach jede Chance: Konzentriert euch auf eure Arbeit und auf das, was ihr tut, studiert fleißig und eifrig, aber schaut euch trotzdem die Leute an, die euch umgeben. Denn mit wirklich allergrößter Wahrscheinlichkeit findet ihr unter diesen Menschen euren Partner. Jetzt werden die Unken unter euch rufen, dass ihr ja schon ewig am gleichen Ort arbeitet, und zwar in einem Büro mit drei Leuten, die ihr schon alle zur Genüge kennt und dass das alles überhaupt keinen Sinn hat. Dann, da muss ich euch zustimmen, ist das Ganze nicht so leicht, aber – und natürlich gibt es jetzt wieder ein Aber – niemand arbeitet völlig abgeschottet ohne Kundenkontakt, ohne Kontakt zu irgendjemandem. Und die Menschen, die man rund um die eigene Arbeit trifft, gehören natürlich auch alle zum Bereich »Arbeit«: Coaches, Ausbilder, Kunden, Briefträger, Paketboten, die Leute, die in der Kantine arbeiten, die freundlichen Menschen hinter dem Tresen, an dem ihr eure belegten Semmeln kauft. Der ganze Kosmos des Arbeitslebens und des Studiums muss durchforstet, beachtet und beflirtet werden!

Und warum habe ich diesen Tipp mit »Papstregesten kollationieren« überschrieben? Weil mich das immer noch sehr amüsiert: Meine beste Freundin aus Schultagen, Grete, hat ihren zukünftigen Mann kennengelernt, als dieser in Rom zu Forschungszwecken Papstregesten kollationierte, also päpstliche Urkunden mit ihren unterschiedlichen Abschriften verglich. Ist doch wunderbar, oder?

Kaufhäuser und Boutiquen

Des einen Freud, des anderen Leid. Beim Shoppen sehen wir ja eher die Damen, die zwar sowieso nie etwas brauchen, aber es könnte ja immer was noch Tolleres geben als das, was man schon im eigenen Kleiderschrank hat, oder es gibt Sonderangebote – Sale! Es gibt immer einen Grund, einkaufen zu gehen: neuer Job, neues Geld, eine Hochzeit etc. Männern sagt man ja nun nach, dass sie weniger gerne shoppen gehen und eher nur dann, wenn es gar nicht mehr anders geht, wenn die Lieblingsjeans auseinanderfällt oder das Hemd vorne auseinanderklafft, weil der Bauch beinahe unmerklich ein wenig dicker geworden ist. Warum nicht beides verbinden? Wenn sich die Damen sowieso so gerne beim Shopping herumtreiben, können sie doch dort die armen Männer, denen das so gar keine Freude macht, unter ihre Fittiche nehmen? Das ist dann wie beim Autokauf, nur andersherum: Jetzt können die Männer sich betütern, bemuttern und beraten lassen. Und wenn man sich eine nette, gut gestylte Frau aussucht, die einen dabei berät, was man kaufen kann, ist das ja sowieso schon Gold wert, und man schlägt sozusagen zwei Fliegen mit einer Klappe. Einfach mal nett fragen, wie einem dieses oder jenes steht oder ob einen die betreffende Dame generell beraten könnte. Die Damen wissen zwar bestimmt, dass es sich um einen Anmachversuch handelt, aber sie fühlen sich dennoch geschmeichelt, weil sie dann offensichtlich so aussehen und so gekleidet sind, als wären sie gute Berater in geschmackstechnischen Fragen. Und letztendlich könnte es ja tatsächlich sein, dass die Herren eine Beratung nötig haben und es also doch keine plumpe Anmache ist. Und wenn der betreffende Herr charmant ist, ist das ja sowieso eine gute Gelegenheit, jemandem etwas Gutes zu tun. Und alle Damen beraten gerne Männer beim Kleiderkauf. Und beim Anziehen. Wirklich alle! Aber natürlich dürfen auch die Damen einen Mann fragen, ob sie lieber das rote oder das blaue Kleid kaufen sollen.

Zudem geht man meistens nicht in den allergrößten Stressphasen einkaufen, sondern eher, wenn man Urlaub oder am Wochenende Zeit hat. Deswegen ist die Atmosphäre meistens entspannter als beispielsweise in einem Supermarkt und viele Boutiquen und auch große Kaufhäuser sorgen ja fast schon für Party-Ambiente. Da gibt es Musik und manchmal gleich einen Sektstand dazu. Wenn man sich also sympathisch ist, warum nicht gleich noch auf ein Gläschen gehen? »Darf ich Sie als Dank für die Beratung zu einem Gläschen Sekt einladen?« Mutige Herren trauen sich übrigens auch, zwei Damen anzusprechen, die gemeinsam unterwegs sind. Denn da kann SIE gleich sehen, wie nett ER auch zu ihrer Freundin ist, die ihn ja eigentlich gar nicht interessiert.

Besonders geeignete Shopping-Orte sind übrigens Schallplattenläden. Man kann sich in Ruhe über die Platten hinweg beobachten und dann einen Vorstoß wagen: Fragen bieten sich zu den bekannten und weniger bekannten Solisten, Songwritern und Bands an: »Hast du diese Band schon mal live gehört?« Oder: »Welche Band würdest du mir empfehlen?«

33. IDEE

Treffpunkt für Einsame: der Klassiker Bar

Wo kann ich neue Kontakte knüpfen, die das Potenzial für eine Beziehung haben? Eine Antwort liegt da auf der Hand – denn haben sich nicht etliche Paare dort kennengelernt: in einer Bar! Schummriges Licht und ausgelassene Stimmung vervielfachen den Flirtfaktor ganz von alleine. Trotzdem sollte man auf einige Eckpunkte achten, um die Erfolgsgarantie zu erhöhen: So ist zum Beispiel wichtig, in welcher Bar man sich auf die Suche begibt: Mag man es laut? Braucht man eine Tanzfläche? Hat man eine Vorliebe für ausgefallene Cocktails? Gibt es Bars, die besondere Veranstaltungen wie Konzerte oder Quiz- und Spieleabende anbieten? Man sollte also erst einmal recherchieren, bevor man seine Freunde auf den nächsten Bar-Abend einlädt!

Und um den Schwierigkeitsgrad, aber auch um die Erfolgschancen zu erhöhen und es für den potenziell Richtigen dafür etwas leichter zu machen, sollte man sich doch einmal trauen, alleine in eine Bar zu gehen. Natürlich muss man hierzu seinen ganzen Mut zusammennehmen, haftet doch dem Bild einer einzelnen Person am Tresen etwas Trauriges an. Wir wollen dieses Image aber ändern: Indem wir als positive, gut gelaunte und kontaktfreudige Singles den Weg alleine in eine Bar wagen, laden wir Mrs oder Mr Right offen dazu ein, uns anzusprechen. Auf jemanden zuzugehen, der mit fünf Freunden im Schlepptau eine Bar betritt, kostet manchmal selbst den mutigsten Eroberer eine zu große Überwindung. Und der ganz große Vorteil an der Sache ist: Singles sind in einer Bar alleine, weil sie jemanden kennenlernen wollen. Zumindest in den allermeisten Fällen. Das ist, als hätte man ein Schild auf der Stirn. Und das macht es leichter, weil die Barriere, jemanden anzusprechen, damit niedriger wird.

Robert De Niro und Meryl Streep, Thomas Mann und Katia Pringsheim: der öffentliche Nahverkehr, vor allem Verspätungen

Den oder die Richtige im ÖPNV kennenzulernen, mag vielleicht zunächst an eine romantische Komödie aus der Filmwelt erinnern. Man muss zum Beispiel nur an den Streifen *Während Du schliefst* mit Sandra Bullock aus dem Jahr 1995 denken, in welchem Bullock als Fahrkartenverkäuferin Lucy ihrem Schwarm, der täglich seine Fahrkarte bei ihr kauft, das Leben rettet, sich jedoch in dessen Bruder verliebt, während ihr »Erstausgewählter« im Koma liegt.

Auch wenn allseits bekannt sein sollte, dass das Leben kein Film und die Romantic Comedy allenfalls Wunschdenken ist, sollte dennoch nicht ausgeschlossen werden, dass Mr/Mrs Right im nächsten Bus oder in der nächsten Bahn anzutreffen sein könnte.

Dies ist wie folgt zu begründen: Zum einen ist der Mensch ein »Gewohnheitstier«. So stehen viele Pendler täglich um dieselbe Uhrzeit an einer Zug- oder Bushaltestelle (in der einen Hand den obligatorischen Coffee to go, in der anderen eine beliebige Backware, welche direkt aus der Tüte gegessen wird). So wartet man (manchmal vergeblich) auf seinen Zug oder Bus und erblickt um sich herum täglich dieselben verschlafenen Gesichter. Eine erste Möglichkeit, seinen Traumprinzen oder seine Traumprinzessin kennenzulernen, insbesondere, wenn der Zug mal nicht kommt (oder viel zu spät), ist, dass man sich gegenseitig über die Unzuverlässigkeit der Verkehrsgesellschaft austauscht und vielleicht im Gesprächspartner eine Person zum Trost findet ...

Die zweite Möglichkeit ergibt sich gleich, wenn sich die Türen der Bahn oder des Busses öffnen. Oft erblickt man dieselben (eventuell schon etwas frischeren) Gesichter. Auch hier kann der oder die Richtige warten, vor allem, wenn ein Bus oder eine Bahn ausgefallen ist oder Verspätung hat. Dies führt in der Regel zu einem gewissen Kuschelfaktor ...

Zum anderen kann auch der Zufall zugange sein (oder die Schicksalsgöttin, je nachdem, welche Philosophie man vertritt). Zugegeben, vielleicht ist dieser Tipp doch etwas durch die romantischen Komödien der Filmwelt inspiriert. Aber vielleicht wartet die große Liebe trotzdem in irgendeinem Bus oder irgendeiner Bahn. Vielleicht sitzt die Person euch sogar gegenüber und wartet nur darauf, dass ihr sie ansprecht. Oder ein unbeholfener Schritt (oftmals Folge des physikalischen Gesetzes der Trägheit von Körpern), sorgfältig platziert auf dem Fuß eures Nachbarn, beschreibt den Anfang einer Romanze. Vielleicht wird auf diese Weise aus einer täglichen Routine ein romantisches Abenteuer mit dem Ergebnis einer großen Liebe – wie in einem Hollywoodstreifen. Thomas Mann und Katia Pringsheim haben sich auch in der Münchner Trambahn kennengelernt: Auf dem Weg zur Münchner Universität geriet die 19-Jährige mit dem Kontrolleur aneinander. Sie hatte keinen Fahrschein. »Mach dass d'weiterkimmst, du Furie!«, schrie der ihr nach, als sie schließlich vom Wagen absprang. Das habe den Mitfahrer Thomas Mann so entzückt, dass er sie unbedingt kennenlernen wollte, erzählt Katia Mann in ihren Erinnerungen. Also stieg er ebenfalls aus und sprach sie an: »Schon immer wollte ich Sie kennenlernen. Jetzt muß es sein.«

35. IDEE

Der Stammitaliener

Eine nicht enden wollende Quelle an potenziellen Liebhabern garantiert die weise Wahl des richtigen Stammitalieners. Zuerst: Geh dort mindestens einmal die Woche hin. Rede mit den Kellnern, trink zu viel, rede zu wenig, löse immer ein Kreuzworträtsel, iss immer dasselbe Gericht, bestelle die ganze Karte – egal wie, falle den Kellnern auf! Bald wirst du dich hier wohler fühlen als zu Hause, denn es gibt guten Wein, der Teller ist immer voll, jemand zündet die Kerze auf deinem Tisch an, stellt frische Blumen in die Vase und fragt dich, ob es dir schmeckt. Früher oder später wirst du hier ganz du selbst sein. Du wirst hierherkommen, wenn du etwas zu feiern hast oder wenn du schon wieder die letzten Nächte durchgearbeitet hast und du endlich etwas Nahrung brauchst. Und glaube mir, schon bald kennt dich hier jeder besser als so mancher deiner Freunde. Denn niemand, wirklich niemand hat ein so gutes Auge für Menschen wie Leute aus der Gastronomie. Und mit Sicherheit sprechen die Kellner deines Lieblingsitalieners über dich. Und mit Sicherheit haben sie jemanden im Kopf. Jemanden, mit dem du den Rest deines Lebens verbringen solltest. Jemanden, der vielleicht früher öfter da war, oder jemanden, der immer am anderen Ende des Raumes sitzt. Und da niemand eine so gute Menschenkenntnis hat wie Kellner oder Barkeeper, können sie dir mit hundertprozentiger Sicherheit sagen, dass ihr euch perfekt ergänzen würdet. Und sei es für eine Nacht. Im Zweifel taucht im Kopf deines Stammitalieners bald der nächste perfekte Mensch für dich auf. Bald schon kann es euer gemeinsamer Stammitaliener werden. Und keine Sorge: Klappt es nicht, wird die Quelle an potenziellen Liebhabern hier nie versiegen.

Auf der Suche nach DER zündenden Idee für den besten Tipp um die Liebe zu finden, kam ich beim Frühstücken mit dem Kellner ins Gespräch. Sein erster Impuls war: Man solle einfach immer nach Empfehlungen und Tipps fragen! Egal, ob in der eigenen Stadt oder auf Reisen – Barpersonal und Kellner sind immer die Personen, die die ganze Stadt kennen und die die ganze Stadt kennt. Zum einen kommt man so schnell ins Gespräch und zum anderen hat man gleich Empfehlungen an Restaurants und Bars, in welchen man seine Suche fortsetzen kann. So weit, so gut! Nach kurzer Zeit kam der Kellner – mit einem Glas Champagner für sich, mich und meine Begleitung – kichernd zurück. Eben sei ihm eingefallen, wie er oft Leute kennenlernt. Er gehe gerne, seines Berufes als Barkeeper wegen, alleine in Bars, um immer up to date zu sein. Dort werde er – aufgrund seines asiatischen Äußeren halten ihn alle für einen einsamen Touristen – häufig angesprochen. Nach dem ersten Gespräch auf Englisch deckt er charmant auf, dass er hier geboren und keinesfalls Tourist ist – und so sind neue Freunde gefunden …

Altmodisch, aber sexy:
der Waschsalon

Wenn man mit offenem Blick durch die Straßen einer Stadt schlendert, findet man sie noch, die altmodischen Überbleibsel aus einer Zeit, in der noch nicht jeder Haushalt mit einem Frontlader bestückt war. Diese Etablissements einer anderen Epoche, in denen die Zeit immer still zu stehen scheint, sobald man die Schwelle zu den eng aneinander geparkten Waschmaschinen passiert.

Es ist übrigens eine Fehlannahme, dass sich nur verlorene Menschen in jene Waschsalons verirren oder man in die 90er zurückreisen müsste, als das männliche Lob an weiblicher Courage noch prompt mit einem Kuss über dem Wäschekorb besiegelt werden musste. Rachel und Ross beiseite, der höchst funktionale Raum, der schon etwas aus der Zeit gefallen anmutet, bietet doch die Chance, sich um Kopf und strahlend weißen Stehkragen zu verlieben.

Der Bonus an der Sache ist, dass man immer zufrieden nach Hause kommt. Ein Phänomen, das sich schnell erklären lässt: Man bekommt nämlich genau das, was das simple, aber geniale Konzept der Waschsalons verspricht: saubere Wäsche. Im täglichen Herausforderungsdschungel ist das beinahe mentale Wellness. Außerdem: Was gibt es Beruhigenderes als Wäsche, die sich gemächlich im Kreis dreht, durch das Bullauge der Waschmaschine in einem fortwährenden Strudel zu beobachten und den vom Brummen und Surren des Motors begleiteten und von einem stetigen Glucksen untermalten, rotierenden Trommeln zu lauschen.

Davon abgesehen, haftet dem Waschen nicht auch etwas Romantisches an? Denn wo lassen sich so nonchalant Gespräche führen wie beim Sortieren der Wäsche? Erste Wortwechsel können stattfinden, die Münzen finden ihren Weg in den Automaten, ganz analog, und in eine anregende Unterhaltung über dies und das schleichen sich bereits Weltweisheiten und Ansichten – nur weichgespültes Geplänkel sollte man tunlichst vermeiden!

Aber Vorsicht: Schon die Wahl des Waschmittels sagt viel über den Charakter! Vom Duft ganz zu schweigen, scheiden sich die Geister schnell über Fragen, ob umweltverträglich oder doch lieber Markenmittel, Waschnüsse oder Vorwaschmittel, das richtige Waschprogramm und auch die Wäschetrennung kann je nach Penibelkeitsgrad aussagekräftig daherkommen – was aber gar nicht schadet, denn ein wenig aufgeladene Stimmung ist dem Wäscheflirt nicht abträglich. Ehe man sich's versieht, blitzt in der hitzigen Debatte über Grundsätze so ganz nebenbei vielleicht auch der eine oder andere BH-Träger hervor, oder die Spitze der Unterwäsche ragt aus dem Korb (im sauberen Zustand allerdings, bitte). Und so rührt sich die Werbe-Wäschetrommel in eigener Sache fast von alleine. An der Zeitanzeige lässt sich dann auch ganz schnell feststellen, ob die Flirtversuche gefruchtet haben und einem jemand an die Wäsche will: Macht das Gegenüber nach einem Schnellwaschgang bei 30 Grad einen Abflug oder wird das Öko-Programm bevorzugt und vier Stunden Zweisamkeit steht nichts mehr im Weg?

Übrigens: Läuft die Waschunternehmung doch mal schief und die rosa gefärbte Wäsche von der klischeehaften roten Socke, die in die weiße Wäsche gewandert ist, landet zu alleroberst im Kleiderschrank, kann sie fortan als Hommage ans Verliebtsein und Liebesuniform stolz getragen werden.

37. IDEE

Im Baumarkt

Wer jetzt die Nase rümpft und bei sich denkt, es gäbe keinen unromantischeren Ort als zwischen Bodenbelag, Fugenkitt und Gartenmöbeln, der sei hiermit eines Besseren belehrt: Nicht nur

Heimwerker finden hier die passenden Utensilien; wer sich in den Regal-Dschungel vorwagt, findet mit etwas Glück vielleicht auch den passenden Zugehörigen. Mit dem Maßband bewaffnet und voller Tatendrang machte ich mich in der leisen Hoffnung, das handwerkliche Genie in mir hätte nur auf den richtigen Moment für die eigene Schaffenslust gewartet, auf den Weg in den nächstgelegenen Baumarkt.

Hier ein Tipp: Niemals, aber wirklich niemals sollte man einen Handwerkstempel ohne den erforderlichen akribischen Plan betreten; zum leibhaftigen Escher-Bildnis geworden, stand ich gefühlte Stunden auf einer Rolltreppe, die sich im Kreis zu bewegen schien, ließ mich ratlos von einem Geschoss ins nächste befördern und irrte überfordert und leicht eingeschüchtert durch die schier unendlichen Regal-Dimensionen. Als ich endlich auf den glorreichen Gedanken kam, mir einen Wagen zu holen, um das Zeug irgendwie zur Kasse karren zu können, erwischte ich natürlich einen mit eingeklemmtem Vorderrad. Angekündigt durch erbärmliches Quietschen und mit bedenklichem Rechtsdrall kurvte ich also fortan durch die Gänge und belud mein Gefährt eifrig mit Dingen, die zwischen unnötig und völlig absurd die ganze Bandbreite an häuslichen Eventualitäten abdeckten: von der Vorhangstange bis zum Holzleim über Besenbürste und Klobrille bis zu Regalböden schöpfte ich meine Stapelkunst bis zur Neige aus. Mit leicht eingeschränkter Sicht durch den Wäschekorb und durch die Farnzweige meiner neuen Zimmerpflanze blinzelnd, manövrierte ich mein Sammelsurium durch den Baumarkt. Zwar amüsiert mich im Nachhinein das Bild, wie ich mich abgehetzt und mit der Untermalung meines eigenen Quietsch-Soundtracks Richtung Kasse vorkämpfe, zu dem Zeitpunkt ließ das dünne Nervenkostüm jedoch keine Selbstironie zu. Und wie so oft kam ich kurz vor der Zielgeraden, die Schokoriegel an der Kasse bereits in meiner begrenzten Sichtweite, aber abgelenkt von einer 20-kg-Pflanzengranulatpackung im Sonderangebot, ins Straucheln. Als wäre das Crescendo an zu Boden polternden Holzbrettern noch nicht genug, rollte mein außer Kontrolle geratener Einkaufswagen auch noch einem anderen Menschen vor beziehungsweise über die Füße, was mit einer aufjohlenden Schimpftirade beantwortet wurde. Aber auch das Schimpfen eröffnet Möglichkeiten. Und das muss man ja schließlich auch können, gut miteinander streiten. Als die Gemüter sich beruhigt hatten und wir nun gemeinsam unseren ganzen Kram zur Kasse brachten, so als wären wir ja sowieso gemeinsam in den Baumarkt gegangen, kamen wir ins Gespräch, und zehn Minuten später saßen wir uns bei einem Kaffee gegenüber. Haltet also immer eure Augen offen, selbst im Baumarkt, und wer weiß, vielleicht steht der oder die Richtige ja gerade zwischen Bodenbelag, Fugenkitt und Gartenmöbeln.

38. IDEE

Abitreffen und sonstige Klassentreffen

Ja, auch wenn es schwerfällt: Abitreffen werden ab jetzt nicht mehr umgangen, sondern es wird erst recht hingegangen. Warum? Erstens, weil es dann doch immer ganz lustig ist. Tut euch mit alten Freunden zusammen, die ihr nicht aus den Augen verloren habt, damit ihr Unterstützung und Begleitung habt und nachher schön gemeinsam über alle anderen lästern könnt. Und dann geht es los. Und bedenkt bitte, dass aus den unsicheren jungen Menschen von damals inzwischen vielleicht interessante Erwachsene geworden sind. Und wieder könnte man jetzt den Film ins Feld führen: Warum fangen so viele Filme mit einem Abitreffen an? Weil die Auseinandersetzung mit der eigenen Vergangenheit irgendetwas in uns auslöst. Dynamik ins Leben bringt. Sichtweisen verändert. Also, lasst euch einfach mal darauf ein! Ich habe übrigens zwei Freunde, Felicitas und Kai. Beide waren zusammen im Kunstleistungskurs, die konnten in der Schule überhaupt nichts miteinander anfangen, aber haben sich auf dem zehnjährigen Abitreffen ineinander verliebt, geheiratet und haben inzwischen zwei Kinder.

Lange Wartezeiten sinnvoll nutzen:
Arztpraxen

Hin und wieder ist es wie verhext: Die Feiertage nahen, Urlaub rückt in greifbare Nähe, und dann macht uns der Körper gekonnt einen Strich durch die Rechnung. Anstatt Jubel, Trubel, Heiterkeit plagt man sich mit Husten, Schnupfen, Heiserkeit. Wenn einen nicht einmal mehr der weiche Honigkern im Hustenbonbon frohlocken lässt, hilft nur eins gegen das Trübsalblasen: der Weg zum Arzt. Rafft man sich auf und schleppt sich keuchend zum Allgemeinmediziner, ist wohl das Letzte, an das man denkt, eine zwischenmenschliche Begegnung. Mit ein bisschen Fantasie kann hier allerdings eingehakt werden, denn ein Raum voller Bazillen hat in mehrerer Hinsicht Ansteckungspotenzial! Hat man sich erst einmal mit rot umrandeter Schnupfnase gesehen, gilt vielleicht der Moment als entzaubert, aber: Es soll schon vorgekommen sein, dass ein galant angebotenes Taschentuch zur rechten Zeit oder ein netter Plausch zwischen Tür und Angel mit rauer Erkältungs-Kratz-Stimme zu einem Date geführt hat. Auf eine Inkubationszeit folgt die nächste. Doch eine Warnung vorweg: Fieber und leichten Schwindel bitte nicht mit dem ersten Verliebtheitsstadium verwechseln! Hier gilt die Faustregel: Wird der Zustand der erhöhten Temperatur zur latenten Dauerverfassung, hat einen nicht die Liebe, sondern wohl eher ein grippaler Infekt erwischt.

Aber ist es auch zugegebenermaßen eher unwahrscheinlich, seinem potenziellen Liebesglück im Hausarztwartezimmer zu begegnen, wechsle man die Perspektive in eine weniger virenverseuchte Umgebung: Alle Schnarchnasen aufgepasst, macht mit eurer krummen Nasenscheidewand einen Termin in der Schlafklinik. Wer braucht schon nächtelange Partys, wenn man sich auch auf ärztlichen Ratschlag hin mit Schlafentzug auf den Weg zum Labor machen kann, um der nächtlichen Geräuschfabrizierung entgegenzuwirken. Im Wartezimmer empfiehlt es sich, erst gar nicht darauf zu vertrauen, dass einen die Magazine munter halten, vielmehr ist es hilfreich, sich gegenseitig zu unterhalten und vom Schlafen abzuhalten. Dann liegt es vielleicht auch gar nicht an der Schlafapnoe, dass einem die Luft wegbleibt. Ist man auch des Schlafwandelns müde – eine gute Anekdote ist es allemal, und möglicherweise trifft man auf eine Person, mit der man in Zukunft auch das Bett teilt.

Wer auf Senk-, Platt- oder Spreizfüßen wandelt und wenn die Zeit für eine neue Schuheinlage reif ist, der statte beizeiten seinem Orthopäden einen Besuch ab. Im Wartezimmer trifft man im besten Falle nicht nur auf großspurige Fußfetischisten, sondern auch auf Sportler, die sich bei Zerrungen, Dehnungen und was sonst noch alles passieren kann, durch bunte Bänder Linderung erhoffen. Vorsicht aber: Sportler, die aufgrund einer Verletzung verhindert sind, werden oft in kürzester Zeit zu schwer ertragbaren Nervenbündeln, die auf der Ersatzbank warten müssen und dann nicht wissen wohin mit ihrer ganzen Energie. Hallux-Gespräche sind übrigens nicht zu empfehlen, genauso wenig wie eine Diskussion über die Hüftprobleme der Großmutter!

Und wo steht geschrieben, dass man sich nicht auch beim HNO-Arzt Hals über Kopf verlieben kann, die große Liebe ist vielleicht nur einen Wimpernschlag entfernt und sitzt am Nachbarstuhl im Wartezimmer beim Augenarzt. Für die, die sich mal weiter aus dem Fenster lehnen wollen: Wer sagt denn, dass man beim Zahnarzt nur selber auf den Zahn gefühlt bekommt, man kann sich vor der eigenen Angst mit einer Unterhaltung ablenken, und ein wenig Mitleid schadet doch auch nie; vielleicht kann man dann den nächsten Zahnarzttermin gar nicht mehr abwarten!

Es zeigt sich also, mit etwas kreativem Einsatz lässt sich auch einem erdenklich unromantischen Raum wie der Arztpraxis etwas abgewinnen.

40. IDEE

Der Hund sollte ruhig ungezogen sein

Man muss natürlich schon Hunde-affin sein, bestenfalls Hunde lieben, sich zumindest vorstellen können, mit einem Hund zusammenzuleben. Denn ansonsten macht es keinen Sinn, sich einen Menschen mit Hund aufzugabeln. Solltest du aber zu den Hundemenschen gehören, solltest du selbst sogar einen Hund haben, dann ist es wirklich, ich verspreche es, die leichteste Sache der Welt, Menschen kennenzulernen.

Man muss ja mehrmals am Tag mit dem Hund raus, will das im besten Falle auch, nutzt den Spaziergang als Zeit für sich selbst, als Pause, als Moment zum Durchatmen. Aber man macht es eben auch sehr oft, und man verbringt sehr viel Zeit damit. Und deswegen freut man sich, wenn man mit anderen Hundebesitzern ins Gespräch kommt. Nicht nur, dass man sich dann über hundespezifische Themen austauschen kann wie, wer der beste Tierarzt in der Stadt ist, welche anderen Parks sich zum Spaziergehen anbieten oder wo man mit Hund in freier Wildbahn schwimmen gehen kann, darüber hinaus ergeben sich nach kürzester Zeit noch viele weitere Gesprächsthemen. Und auch hier ist es ja so, dass die meisten Menschen so ihre Zeiten und Routen haben, zu und auf denen sie täglich den Wauzi Gassi führen, und das erleichtert die Chance, ein weiteres Treffen herbeizuführen, wenn man das möchte. Und wer keinen Hund hat, einfach weil sich die Lebensumstände noch

nicht derart gestalten, aber Hunde mag, der kann sich als Hunde-
sitter verdingen.

Am besten geeignet ist natürlich ein ungezogener Hund, ein
Welpe oder ein junger Hund, der überhaupt noch nicht folgt. Einer,
der beim Picknick auf die picknickenden Menschen zuläuft und
versucht, etwas von der Salami abzubekommen, der sich in Fuß-
ballspiele einmischt oder begeistert auf wildfremde Menschen zuläuft und sie überschwänglich begrüßt. Denn dann kann man sich
herzlich und ernst gemeint entschuldigen, erklären, was es mit dem
Hund auf sich hat, oder gleich einen Entschuldigungs-Kaffee am
nächsten Kiosk anbieten. Und wer dann schofelig reagiert, der ist
wohl sowieso nicht das zukünftige Frauchen oder Herrchen für
den Besitzer eines solchen Hundes.

41. IDEE

Menschen, die man sowieso trifft

Der entscheidende Faktor ist der Glaube an das Schicksal: Ja,
deine große Liebe (oder mindestens der nächste Flirt) begegnet
dir schon am nächsten Tag. Du glaubst es nicht? Vertraue einfach
darauf – und öffne deine Augen! Seit einiger Zeit hast du eine Lieb-
lingskasse bei deinem Supermarkt, weil dieser neue Kassierer dort
am Werk ist? Dann reiche das nächste Mal nicht nur den Geld-
schein, sondern auch deine Nummer über die Theke. Der Bus-
fahrer der Linie 62 montags um 7.26 Uhr ist immer derselbe, und
sobald er dich grüßt, ist es nicht mehr schlimm, dass es montags
um 7.26 Uhr ist? Vielleicht könnt ihr an der nächsten Haltestelle
ein bisschen ratschen. Du gehst eigentlich in die Bar, weil du ein
Glas Wein trinken möchtest? Vielleicht schenkt dir der Barkeeper
das nächste Glas bei ihm zu Hause ein. Der alte Schulkumpan aus
der zweiten Klasse läuft dir über den Weg? Denke daran, wie sehr

du dich verändert hast, auch er ist nicht mehr der kleine Junge, der Knete isst. Du kannst schon wieder nicht schlafen, weil dein Nachbar noch spätnachts Musik hört und laut durch die Wohnung hüpft? Vielleicht könnt ihr den nächsten Tanz gemeinsam unternehmen. Manche mögen gar so weit gehen, dass sie sich unter den Freunden der eigenen Eltern umsehen!

Zusammengefasst: Schau dich in deiner Umgebung um! Öffne deine Augen! Schlussendlich geht es nur darum, einmal die Perspektive zu wechseln. Es ist nicht gegeben, dass dein Traumprinz auf einem weißen Pferd auf dich zugaloppiert. Vielleicht kommt er in einem U-Boot oder lässt sich wie Spiderman kopfüber an der Wand vor dir herabhängen. Mach selbst einmal einen Handstand und schau nach, was du so zu sehen bekommst. Tauch im Schwimmbad unter, anstelle nur am Beckenrand zu liegen. Öffne dort deine Augen, vielleicht siehst du die Entchenbadehose deiner großen Liebe. Dreh dich auf deinem Bürostuhl so schnell, dass dir schwindelig wird. Vielleicht bekommt dein Arbeitskollege so einen neuen Anstrich.

Komm außerdem darauf zurück, was du immer schon wolltest. Denn vielleicht hat es mit all den schnieken BWL-Typen nicht geklappt, weil es einfach nicht das Richtige für dich ist. Ein guter Tipp, um herauszufinden, was man früher immer wollte, ist das Freundebuch. Häufig steht auch die großartige Frage darin: »Wen willst du einmal heiraten?« Eine meiner Freundinnen antwortete mit elf Jahren auf diese Frage mit: »Einen Polizisten!« Als sie nun mit 30 dieses Freundebuch wieder in die Hand bekam, fiel es ihr wie Schuppen von den Augen. Ein Polizist sollte es wohl immer werden! Und gleich sah sie den Beamten, bei dem sie tags zuvor ihr geklautes Fahrrad gemeldet hatte, in einem ganz anderen Licht: Heute sind sie verheiratet.

»Die anfänglichen Smalltalks wurden dann mit jeden Besuch immer länger...«

Aribert, 49, ist Schmuckdesigner und hat seine Partnerin an der Tankstelle kennengelernt.

Wie hast du deine Partnerin beziehungsweise deinen Partner kennengelernt?
Ich habe meine Partnerin an der Tankstelle kennengelernt. Meine Partnerin hat während ihres Studiums dort an der Kasse gearbeitet.

Was würdest du sagen, war das Besondere daran?
Das Besondere war, dass sich die Annäherung langsam und ungezwungen entwickeln konnte, da dies meine Stamm-Tankstelle war und wir uns somit zwangsläufig regelmäßig begegneten. Die anfänglichen Smalltalks wurden dann mit jeden Besuch immer länger und führten schließlich zum ersten Date.

Warum analog und nicht digital?
Ob jemand sich als Partner eignet hängt von so vielen Zwischentönen ab, die man über eine digitale Annäherung nicht erfassen kann.

Hast du einen Tipp für Menschen, die einen Partner suchen?
Ich würde mir Situationen suchen, in die man potenzielle Partner regelmäßig und ungezwungen immer wieder trifft. Sprachkurse,

Workshops, Vereine Dort kann man schnell feststellen, ob man sich etwas zu sagen hat.

**Und einen Tipp für eine glückliche Beziehung, falls es dann ge-
klappt hat?**
Am wichtigsten ist meiner Ansicht nach die Eigenliebe. Wer sich selbst schätzt und mit sich im Reinen ist wird mit seinem Partner und seiner Umwelt gut klarkommen. Ansonsten: sich immer wie-der mit dem Partnern positive und schöne Erlebnisse schaffen. Das müssen keine großen fünf Sterne Hotelbesuche sein, sondern auch Kleinigkeiten wie ein schöner Konzert-Besuch.

4. KAPITEL

REISEN

42. IDEE

Ein Urlaub allein

Allein auf Reisen – für viele undenkbar und außerhalb der Vorstellungskraft. Was mich immer schmunzeln lässt, denn die Möglichkeiten steigen beträchtlich, wenn man nicht liiert ist, weder immer Rücksicht auf die Urlaubsansprüche des Freundeskreises nehmen kann noch den Drang verspürt, in der Blüte seines Lebens mit den Eltern die freien Tage zu verbringen – bei aller Liebe!

Daher folgt ein Plädoyer für den ungezwungenen Urlaub mit dir, ganz ungebunden und ohne Kompromisse, wo es hingehen soll. Koffer gepackt, Sonnenbrille aufs Haupt und rein in den Flieger, das Auto, den Zug oder den Bus und auf zur Destination deiner Wahl! Und seien wir doch mal ehrlich: Auf die besten Geschichten darf man nicht warten, man muss sie erleben.

Dabei ist es natürlich wichtig, zu entscheiden, ob man sich gepflegt auf den Pauschalstrandurlaub einlässt, alle Viere von sich streckt und die Seele baumeln lässt oder sich auf Städteerkundung begibt. Beides hat seine unbestreitbaren Vorteile.

Wer den Städtetrip wählt, kann sich mit Reiseführer bewaffnet – oder mit Nase-nach-Prinzip – durch die Straßen wagen. In einer fremden Stadt geht das Programm nie aus, ob Kultur oder Essen, man kann alles auf sich wirken lassen, Orte erkunden und vor allem sich selbst in einer fremden Umgebung neu entdecken, erfinden oder auch einfach nur gezielt Zeit mit sich selbst genießen. Die Herausforderung birgt natürlich, sich auf die Situation einlassen zu können und sich zu öffnen. Das funktioniert mal besser und mal schlechter, aber wenn man Augen und Ohren offen hält und ohne Druck in die Reise startet, steht einer Begegnung nichts mehr im Wege. Gerade in Städten, in denen man der Landessprache unkundig ist, empfiehlt es sich, nach einem Sprachtandem Ausschau zu halten. Bei einem Gespräch, bei dem man sich gegenseitig die eigene Sprache näherbringt, kann man eigentlich nur gewinnen! Ein weiterer Tipp, um Kontakte zu knüpfen: Man muss nicht immer dem Reiseführer blind vertrauen, man kann seine Fühler ausstrecken und im Schuhgeschäft nach einer Empfehlung fragen, sich im Café nach angesagten Clubs erkundigen, woraus sich eventuell auch eine nette Bekanntschaft ergeben kann. Und um auf das Kulturprogramm zurückzukommen: Begib dich doch ins Theater, Kino oder Konzerthaus! Das ist Abendprogramm, das auch alleine Freude macht, danach ist es immer ratsam, sich in die – hoffentlich vorhandene – hauseigene Kantine zu begeben. Mit etwas Glück trudeln dort nach der Vorstellung die Darsteller und Mitwirkenden ein.

Beim Sommer-Sonne-Strand-Urlaub dagegen ist von Vorteil, dass man sich eigentlich nicht aus der Komfortzone lösen muss – auch Buch lesend lassen sich die Tage entspannt verbringen, Cocktail schlürfend lässt sich auch der Sonnenuntergang allein bestens aushalten! Wem der Sinn nach Abenteuer steht und wer unternehmungslustig ist, dem sind keine Grenzen gesetzt. Meist werden viele Kurse angeboten, und wem es nicht genügt, den ganzen Tag von der Rücken- auf die Bauchlage zu wechseln, ab ins Nass. Beim Tauchgang lernt man Leute kennen, und auch das Schnorcheln bietet Gesprächsstoff. Hat man keine meeresbiologische Station in nächster Nähe, empfiehlt sich ein Bootsausflug mit einer Gruppe. Schaukelt man mit Menschen den ganzen Tag übers Meer, ist die Chance groß, jemanden kennenzulernen. Ein großer Pluspunkt gerade in südlichen Ländern sind auch die Wochenmärkte, die man auf gar keinen Fall auslassen darf! Beim gemütlichen Spazieren durch die Standreihen kann man sich von den Gerüchen, Farben und Formen inspirieren lassen, hier und da Wortfetzen aufschnappen und am besten in ein lokales Café übersiedeln, von wo aus sich das bunte Treiben gut beobachten lässt.

Die Liste ließe sich unendlich fortsetzen, man kann aber festhalten: Alleine zu vereisen, mag im ersten Moment einschüchternd klingen, bei näherer Betrachtung birgt es jedoch eine wunderbare Möglichkeit, nicht nur neue Orte, sondern auch Menschen kennenzulernen. Und auch wenn kein Urlaubsflirt dabei sein sollte und die Liebe fürs Leben nicht an einer Eléctrico-Station in Lissabon wartet, lohnt es sich allemal. Denn wenn jemand eine Reise tut, kann er bekanntlich was erzählen ...

43. IDEE

Der große Auftritt auf dem Laufsteg:
Flugzeug

Ist man erst mal durch die Sicherheitskontrolle, entspannt sich die Lage: Zeit für einen Kaffee, noch eine Zeitschrift zu kaufen oder durch den Duty-free-Shop zu bummeln. Oder: sich nach einem

Partner umzuschauen. Viele Menschen reisen alleine, privat wie geschäftlich. Und auch wenn sie nicht so aussehen, sie freuen sich alle über ein Gespräch. Oder fast alle. Beim Warten aufs Boarding. Beim Warten, wenn es Verspätungen gibt. Beim Warten aufs Gepäck. Gesprächsstoff bieten die Fluglinie, die das mal wieder verbockt hat (für die Pessimisten unter uns), das Reiseziel, der aktuelle Standort. Lächelt! Sprecht über Flugangst! Ein Freund von mir, ein attraktiver, gebildeter Professor für Kunstgeschichte, sucht sich schon beim Einchecken eine Dame aus, die alleine unterwegs ist und die ihm gefällt. Und dann überredet er das Personal beim Check-in-Schalter, ihn doch bitte netterweise neben ihr zu platzieren. Oder teilt euch ein Taxi vom Flughafen. (Während ich das hier schreibe, sitze ich im Café Datscha in Berlin. Eine ältere Dame holt sich das Mittagsgericht, heute Schweinebraten, in einem eigenen Schälchen, um Müll zu vermeiden. Cool, diese Berliner! Und natürlich ein Gesprächsaufhänger. Wir plaudern bald über dies und das. Der Mann vom Nebentisch ist sofort dabei. Na also, geht doch!) Doch zurück zum Flughafen: Benutze den Gang im Flugzeug als Laufsteg. Lächle. Hilf jemandem mit den Koffern. Lass dir helfen. Und vor allem: Sollte ein geeignetes Exemplar neben dir zu sitzen kommen, versäume es auf gar keinen Fall, ein Gespräch anzufangen. Selbst wenn der Betreffende hartnäckig in sein Handy schaut. Oder in sein Buch (soll es auch noch geben!). Es muss nichtsdestotrotz erlaubt sein, ein paar Sätze zu wechseln. Wenn es gar nicht geht, könnt ihr ja wieder schweigen. Aber zumindest am Abend in euer Glückstagebuch schreiben: Ich hab's versucht.

Es kommt nicht von ungefähr, dass sich in unglaublich vielen Filmen Menschen beim Fliegen oder auf dem Flughafen kennenlernen. Einige seien hier genannt: *Is' was Doc*, *French Kiss*, *Wie angelt man sich einen Millionär*, in dem die kurzsichtige Marilyn Monroe, alias Pola nach Atlantic City fliegen will, aber weil sie ihre Brille nicht aufsetzt (weil Brillenschlangen so unattraktiv sind), steigt sie in ein Flugzeug nach Kansas City, wo sie, wie sollte es anders sein, ihren Traummann kennenlernt. Dann wären da noch *Das Beste kommt zum Schluss* oder *Auf die stürmische Art* mit Sandra Bullock.

Wer in ein Flugzeug steigt, lässt sich auf ein Abenteuer ein, zumindest jedoch auf eine andere Stadt, auf einen Kulissenwechsel. Das macht neugierig und offen und lässt alles mit anderen Augen ansehen – auch die Menschen, die mit uns reisen.

44. IDEE

Per Anhalter durch die Single-Galaxis

Okay, das ist jetzt ein etwas gewagter Tipp: Trampen. Aber wenn man ein paar Vorsichtsmaßnahmen tätigt, können daraus Abenteuer werden, von denen ihr noch euren Enkeln erzählen werdet. Die Mädels sollten vielleicht lieber zu zweit trampen. Denn kein Mann, jedenfalls keiner, den wir ernst nehmen können, wird davor zurückschrecken, zwei Damen mitzunehmen, wenn er überhaupt gewillt ist, Anhalter mitzunehmen. Und dann kann man im Auto immer noch entscheiden, wer wem gefällt. Aber man ist auf der sicheren Seite. Das Bauchgefühl entscheiden zu lassen, ist auch wichtig. Wenn man bei jemandem ein mulmiges Gefühl hat, bedankt man sich freundlich, lehnt aber besser ab. Aber Autofahrten sind lang und langweilig, und Geschäftsreisende, die das oft machen, nehmen schon deswegen Anhalter mit, damit sie Unterhaltung haben. Die Gesprächsthemen liegen auf der Hand, dass man mal Kaffeepause macht, ist sowieso selbstverständlich. Sollte es euch so gehen wie mir und meiner Freundin Grete auf Sizilien, wo euch ein Typ mitnimmt, in dessen Kofferraum ein ganzes Sammelsurium an Waffen zu finden ist, könnt ihr euch ja immer noch freundlich bedanken und sagen, dass ihr es euch anders überlegt habt.

Sogar ich traue mich, Tramper mitzunehmen, es sind schöne Begegnungen, wenn man Menschen trifft, die gerade vom Nordkap nach Palermo trampen. Ich mache es so, dass ich mir an der Raststätte anschaue, wer mitgenommen werden will, denn dann kann ich mir meinen Mitfahrer sozusagen aussuchen. Das funktioniert also auch so herum: Frau nimmt Mann mit, ist aber sicher etwas unwahrscheinlicher. Wer sich vorstellen kann, mit einem Lastwagenfahrer eine Beziehung einzugehen, versucht es auf den großen Raststätten. Auch hier herrschen Einsamkeit und Langeweile. Und es gibt ja auch Mitfahragenturen, dann ist man wirklich auf der sicheren Seite, denn die werden alle »geprüft« und bewertet, und man gibt seine Reisen an. Und wer weiß, ob aus einer solchen Mitfahrgelegenheit nicht ein richtiges Roadmovie mit allem Drum und Dran entsteht …

45. IDEE

Zugfahrt

Eine Zugfahrt, die ist lustig, eine Zugfahrt, die ist schön … solange es nicht heißt: »Sehr geehrte Fahrgäste, die Weiterfahrt dieses Zuges wird sich um unbestimmte Zeit verzögern.« Dieser Satz löst ja wirklich bei jedem im Abteil Frust und Ärger aus, will man doch schnellstmöglich sein Ziel erreichen. Für Singles auf der Suche nach neuen Kontakten ist die Verspätung des Zuges allerdings nicht die schlechteste Nachricht, denn schon hat man die erste Gemeinsamkeit mit seinem Sitznachbarn und Gegenüber. Da es ja nichts Schöneres gibt, als sich mit einem sympathischen Leidensgenossen über die Unpünktlichkeit der Bahn auszulassen, ist es spätestens jetzt an der Zeit, mit einem charmanten Augenzwinkern davon zu berichten, wie lange es schon her ist, dass man das letzte Mal mit einem pünktlichen Zug reiste!

Ist im unmittelbaren Umfeld des eigenen Sitzplatzes gerade kein geeigneter Gesprächspartner zu finden, sollte man am besten auf das Bordrestaurant ausweichen, dort findet man auf jeden Fall gesprächige Mitreisende. Das sollte man auch tun, wenn der Zug ausnahmsweise einmal pünktlich ist. Gerade in den frühen Abendstunden ist der eingestaubte Speisewagen nicht von einer trendigen Bar zu unterscheiden: Hier tummeln sich gut gelaunte Menschen auf dem Weg in den Urlaub, Geschäftsreisende und natürlich Pendler. Mit einem Bier in der Hand und dem Feierabend im Blick flirtet es sich doch auch viel entspannter.

Extra-Tipp: Je länger die Zugfahrt, desto höher ist auch die Wahrscheinlichkeit, jemanden kennenzulernen. Sich erst einmal umschauen, einen passenden Flirtpartner finden, dann vorsichtig Blickkontakt aufbauen und langsam ins Gespräch kommen, sind wichtige Schritte eines ersten Kennenlernens und funktionieren auf der 20-minütigen Pendlerfahrt eben nur halb so gut. Deshalb empfiehlt es sich der Umwelt und dem eigenen Dating-Leben zuliebe, auch auf der nächsten Geschäftsreise den Zug, statt den Flieger zu nehmen. Wer ganz auf Nummer sicher gehen will, nutzt seinen Urlaub und plant eine überlange Zugreise à la *Darjeeling Limited*!

»Ich habe mich seit langem wieder einem Menschen gegenüber öffnen können.«

Annina, 38, Physiotherapeutin, wagte sich auf Reisen

Wie hast du deinen Partner kennengelernt?

Mein Mann heißt Tobi, und, um einen witzigen Aspekt vorwegzunehmen: Wir waren, ohne dass wir es wussten, in der Grundschule in Parallelklassen. Wir haben uns aber gegenseitig nie wirklich wahrgenommen, obwohl unsere Mütter sogar schon nebeneinander an der Bushaltestelle standen, um uns zur Schule zu bringen. Die kannten sich auch nicht wirklich, nur vom Sehen, und dann lief unser Leben immer so ein bisschen parallel.

Und wann habt ihr euch dann kennengelernt?

Wirklich kennengelernt haben wir uns erst Jahre später – das war im August 2009 –, als ich noch in Zürich gelebt und als Physiotherapeutin gearbeitet habe. Zu dieser Zeit steckte ich in einer vollkommenen Krise – die Trennung von meinem Mann – und war eigentlich voll in der Selbstfindungsphase, wollte auch keinen neuen Mann kennenlernen und bin beinahe jedes Wochenende heim nach München gefahren, um meinen Freundeskreis zu sehen. An einem dieser besagten Wochenenden hatte ich Einladungen zu gleich zwei Partys: Die eine war von einem Freund meines älteren Bruders zum Rafting und die andere von einem Freund, der jedes Jahr seinen

Geburtstag feiert, in unserem Heimatdorf. Letzterem habe ich abgesagt, weil ich für mich gedacht hatte, den Freundeskreis meines Bruders kenne ich noch nicht vollständig, und vielleicht gibt es dort etwas Interessantes und man lernt neue Leute kennen.

Dann bin ich zur Isar zum Raften, und es war ganz nett, aber wegen des schlechten Wetters ist die Rafting-Tour sprichwörtlich ins Wasser gefallen. Wir mussten sehr früh aufhören, und um zehn Uhr abends – wir saßen noch in einer Bar – hat sich die Gruppe dann aufgelöst. Um zehn Uhr wollte ich aber noch nicht heimfahren und deshalb bin ich doch noch zu der anderen Feier dazugestoßen. Obwohl ich nur etwa alle zwei Jahre auf dieser Geburtstagsparty war, kannte ich eigentlich alle dort, weil grundsätzlich immer die gleichen Gäste eingeladen waren. Nachdem man mich freudig an der Tür begrüßt hat, habe ich hinten im Eck jemanden – Tobi – entdeckt, der mir noch fremd war. Er sah zwar süß aus, aber ich wollte zu der Zeit eigentlich niemanden kennenlernen – wenn, dann nur zum Plaudern. Im Laufe des Abends bin ich mit Tobi dann auch ins Gespräch gekommen, und wir haben über »TKKG« oder die »Fünf Freunde« gequatscht, also völlig banales Zeug und ob wir die »Fünf Freunde« überhaupt noch zusammenbekommen. Jedenfalls hatten wir eine unglaubliche Gaudi und es hat mich auf andere Gedanken gebracht. Ich bin dann mit dem Taxi nach Hause gefahren und am nächsten Tag wieder nach Zürich. Nein, stimmt gar nicht: Wir haben an dem Abend noch geredet, beziehungsweise, er hat mich gefragt – er hatte nämlich einen Gutschein von Jochen Schweizer –, was er denn machen solle. Dann hat er alles Mögliche aufgezählt und gemeint, er würde eigentlich gern Kajak fahren. Da hab ich gesagt, dass er deswegen diesen Gutschein nicht verbraten muss, weil ich drei Kajaks daheim habe – wir könnten ja morgen gleich gehen.

Das ist ja eine tolle Idee! Und, wollte er?
Es war Samstagabend, und er sagte ein bisschen betrunken: »Ja, dann machen wir das doch!« So haben wir uns am nächsten Tag

an der Mangfall getroffen, und ich hatte zwei Kajaks dabei. Das war quasi unser erstes Date. Obwohl es für ihn sehr frustrierend war, da er unzählige Male ins Wasser gefallen ist. Und dann habe ich ihn sitzen gelassen, habe ihm gesagt: »Nee, ich möchte heute nichts mehr trinken.« Ich habe irgendeinen Vorwand erfunden und bin zurück nach Zürich.

Die nächsten Tage ist er natürlich in meinem Kopf herumgegeistert. Und er fand mich nach zwei Tagen auch auf Facebook, wo wir ein wenig hin und her geschrieben haben. Ich selber bin damals ja so gut wie jedes Wochenende nach München gefahren, weil ich einfach aus Zürich wegmusste. Wir haben uns auch ein-, zweimal verabredet, zum Grillen und auf eine andere Party. Auf der hat er mir erzählt, dass er gekündigt worden war – damals war diese Finanzkrise – und er nun ein wenig auf Reisen gehen würde: nach Peking zu seinem besten Freund und auch nach Nepal und Indien – Open End sozusagen – und er sich danach irgendwo neu bewerben würde. Im August hatten wir uns kennengelernt, und im September ist er dann schließlich gestartet.

Das war aber bis dahin alles auf freundschaftlicher Basis, oder?
Ja genau, ich hab ihn total auf Abstand gehalten. Natürlich habe ich gemerkt, dass er schon mehr als nur Freundschaft wollte, aber für mich stand fest, dass ich noch nichts Neues wollte. Zu der Grillfeier hatte ich ihn natürlich schon irgendwie deshalb eingeladen, weil ich wollte, dass er kommt. Und er kam dann auch. Hat – das war sehr klug von ihm – sein Auto stehen gelassen und an dem Abend so viel getrunken, dass er eigentlich nicht mehr nach Hause fahren konnte.

Ich habe mich dann erbarmt, dass er bei mir – es war das Haus meiner Eltern – schlafen konnte, es standen ja auch genug Betten zur Verfügung. Ich war aber auch knallhart und habe ihn direkt ins Bett geschickt, damit er ausnüchtert. An diesem Abend habe ich ihm auch zum ersten Mal von meinem Ex-Mann erzählt. Es war auch ein ziemlicher Schock für ihn, dass ich gerade eine Scheidung hinter mir hatte. Er hat aber auch gleich verstanden: hier ganz langsam!

Und wie lief es dann weiter?
Später hat er mich in Zürich besucht, wo ich in einem 1-Zimmer-Apartment lebte, und ich befürchtete, dass er mit großen Erwartungen dort eintreffen würde. Daher habe ich meine 80-jährige Nachbarin gefragt, ob ich ihr Gästezimmer für eine Nacht und ihn beanspruchen dürfte. Die hat sich – erzkonservativ wie sie war – sehr darüber gefreut, dass ich ihn nicht gleich bei mir schlafen lasse. Wir haben das Wochenende miteinander verbracht – wir haben uns auch geküsst –, aber ich hab ihn dann auch streng am Abend in »sein« Bett geschickt.

Im Anschluss an dieses Wochenende ist er nach Peking geflogen und ich vier Wochen später für acht Wochen nach Costa Rica. Ich wollte dort allein hin: Yoga, wandern, mich selbst finden. Ich habe mich da auch toll entspannt, bin aber auch mit ihm lose über Facebook in Kontakt geblieben, was bedeutet, dass jeder etwa einmal pro Woche geschrieben hat – zum Beispiel auch mit schönen Bildern vom Mount Everest. Nach weiteren vier Wochen, nachdem er durch Nepal bis nach Indien gereist war, hat er mir dann gestanden, dass Indien zwar beeindruckend schön sei, er aber doch gern nach Mittelamerika kommen würde …

Das klingt ja aufregend!
Da hatte ich aber bereits wieder etwas dichtgemacht, weil ich mir unsicher war, mit welchen Erwartungen er einmal um die halbe Welt fliegen würde. Ich hab ihm aber dennoch ein Zimmer neben mir gebucht und ihm via Facebook geschrieben, dass ich mich unheimlich freue und wir gerne ein wenig zusammen reisen können. Er müsse es aber auch akzeptieren, falls es mir zu viel wird, und mich dann wieder alleine weiterreisen lassen.

Das wollte ich klar kommuniziert haben, denn die Reise war für mich sehr wichtig. Er hat sich aber auch gleich einverstanden erklärt. Dennoch war ich die Woche vor seiner Ankunft total nervös, besonders am Abend vor seiner Landung. Als er dann ankam, war er komplett zugewachsen. Er hatte mich ja vorgewarnt, dass er sich nicht rasiert – aber ich hatte echt Angst, dass ich ihn nicht mehr erkennen würde. Und als er dann vor meiner Tür stand, sah er mit seinem Bart auch wirklich ganz anders aus. Wir haben uns kurz umarmt und sind gleich noch hinuntergegangen ans Meer.

Es war also eine gute Entscheidung?
Ja, wir sind im Anschluss sogar noch spontan vier Wochen nach Kuba geflogen; dort dann auch das erste Mal im selben Zimmer und mit gemeinsamem Bett. Ich muss gestehen, ich habe ihn in dieser Zeit bis aufs Blut getestet (*lacht*), weil es mir noch sehr schwerfiel, Vertrauen aufzubauen. Aber er hat sich bewiesen – bis heute.

Da war schon so viel Besonderes dabei, dass die nächste Frage vielleicht gar nicht so einfach zu beantworten ist: Was war denn für dich das Besondere an eurem Kennenlernen?
Das Besondere war wirklich, dass unsere Lebenswege dermaßen parallel verlaufen waren – und das eben ohne irgendwelche Überschneidungen –, bis letztlich das Universum oder wer auch immer entschieden hat, dass jetzt der richtige Zeitpunkt dafür ist. Damit meine ich auch dieses Timing, dass ich Tobi in dieser schweren Phase meines Lebens kennenlernen durfte.

Besonders war auch, dass er mich beim Reisen besucht hat und wir wirklich nach vier Tagen in einem Zimmer geschlafen, also quasi 24 Stunden jeden Tag miteinander verbracht haben. Ich wäre ja eigentlich zwei Wochen später wieder heimgefahren, aber wir haben die Rückreise einfach immer weiter nach hinten verschoben und sind insgesamt vier Monate, von September bis Ende Januar, zusammen gereist.

Wann seid ihr eigentlich zusammengezogen?

Dazu muss ich sagen: Wenn man so viel Zeit so intensiv miteinander unterwegs ist, lernt man sich zwar im Ausland und unter diesen speziellen Umständen sehr gut kennen, aber am Ende, als wir wieder zurückgeflogen sind, hatte ich schon Angst, was passiert, wenn man wieder in seinem alten sozialen Umfeld ist und durch Arbeitssuche und so weiter unter Druck steht.

Eigentlich hatten wir noch im Urlaub genau überlegt, wie wir das anstellen, ob wir uns wirklich wieder räumlich trennen wollen – und das haben wir überhaupt nicht geschafft. Ich glaube, wir waren nach der Rückfahrt nicht eine Nacht getrennt. Das wäre einfach so unnormal gewesen! Wir sind im Grunde gleich zusammengezogen.

Hast du aus deinen Erfahrungen einen Tipp, um jemanden kennenzulernen?

Einen Dating-Tipp? Schwierig. Nicht suchen, würde ich sagen. Man sollte in erster Linie auf sich selbst achten, sehen, wer man ist und was man selbst gerne macht, und das dann auch machen. Ich meine, wenn man zum Beispiel gerne Sport macht, dann diesen Sport ausüben. Wenn einem gerade danach ist auszugehen, dann soll man auch ausgehen, aber nicht auf Teufel komm raus sich jeden Abend überwinden, noch wegzugehen, weil man unbedingt jemanden kennenlernen muss – das funktioniert nicht. Auch zu Konzerten oder dergleichen soll man nur gehen, wenn man wirklich Lust auf das Konzert hat. Nur dann lernt man auch Leute kennen, die die eigene Begeisterung teilen können.

Das Beispiel für Tobi und mich ist das Reisen. Sport machen wir auch beide gerne, aber nicht verbissen. Man sollte das machen, worauf man Lust hat, und sich zu nichts zwingen.

Was ich an deiner Geschichte so besonders finde: Du hast vom Verstand her beschlossen, auf gar keinen Fall jetzt eine Bezie-

hung anzufangen. **Und trotzdem hattest du bei Tobi unbewusst das Bedürfnis, ihm immer wieder zu begegnen und Zeit mit ihm zu verbringen ...**

Das stimmt – ihn nicht loszulassen. Witzig war allerdings, dass die meisten Annäherungsversuche von ihm ausgingen. Ich hab mir nach meiner letzten Beziehung versucht beizubringen, ich selbst zu bleiben und nicht zwingend alles dafür zu tun, dem anderen zu gefallen. Ich habe mir Tobi dadurch auch besser anschauen können, und er sollte mich auch so kennenlernen, wie ich wirklich bin. So hielt ich ihn zwar auf Abstand, aber er konnte mich dennoch immer kontaktieren und besuchen, was er auch akzeptiert hat. Aber natürlich, ich empfand ihn auch als interessant und wollte ihm nicht die kalte Schulter zeigen – mich nur ein wenig rarmachen, wie es so schön heißt – um sein Interesse an mir zu steigern.

Sehr gut! Hast du denn auch einen Rat, damit eine richtige Beziehung entsteht und auch bestehen bleibt?

Damit es mehr als ein One-Night-Stand wird? Also, um eine Beziehung daraus werden zu lassen, finde ich es wichtig, während des Kennenlernens ganz man selbst zu sein und nicht alles dafür zu tun, dass einen der andere toll findet. Das muss einem einfach egal sein! Denn entweder mag er mich so, wie ich bin, oder eben nicht, aber das ist dann sein Bier. Dass man sich den anderen genau anschaut und auch frei über alles reden kann, was einem so auf dem Herzen liegt.

Und bei euch war das von Anfang an so?

Ja, so ist es auch auf unserer Reise gewesen, da wir schließlich viel Zeit zum Reden hatten. Ich habe mich da seit Langem wieder einem Menschen gegenüber so öffnen können. Was wir da alles besprochen haben, ohne überhaupt zusammen zu sein! Ich wollte ihn einfach wirklich kennenlernen, bevor ich sage: »Ja, wir können eine Beziehung miteinander führen.«

Und noch einmal zu deiner Frage – da spreche ich nun aus so vielen Jahren Beziehung und sechs Jahren Ehe: dass man immer neugierig aufeinander bleibt und diese Neugier auf den anderen nicht verliert. Der Andere ist ein eigenständiger Mensch, der seine Freiheit braucht und sich auch verändern darf. Dass man das wohlwollend beobachtet und annimmt: »Ach, das ist ein neuer Teil von dir, kenn ich noch gar nicht!« Das macht es dann auch über viele Jahre hin spannend.

5. KAPITEL

HOBBYS

46. IDEE

Mopszüchter, Proust-Verehrer
und der örtliche Kegelclub

Menschen, die liebend gerne ihre Freizeit damit verbringen, ihren Pudel zu frisieren, um ihn dann samt tadellosem Stammbaum auf einer Hundeausstellung zu präsentieren (und ich meine das wirklich überhaupt nicht abwertend), sollten sich überlegen, ob sie – wenn sie sich denn überhaupt mit einem Partner zusammentun wollen – sich nicht jemanden suchen sollten, der in diesen Punkten ähnlich tickt wie sie selbst.

Und das trifft für alle anderen Freizeitbeschäftigungen genauso zu, die man wirklich mit Verve und Leidenschaft verfolgt. In der Proust-Gesellschaft finden sich Leute, die die gesammelten Werke von Proust nicht nur einmal gelesen haben, und im örtlichen Kegelclub wird vorausgesetzt, dass man selbst Reisen im

Kreise der Mitkegler und mit Kegeln verbringt. Ganz gleich, was einen umtreibt: Solche Hobbys schlucken viel Zeit und verlangen, dass man sich wirklich einbringt. Und wenn man zumindest schon mal dasselbe Hobby pflegt, kann man dabei ja gleichzeitig Zeit miteinander verbringen. Solche Hobbys setzen meistens auch eine gewisse Weltanschauung voraus. Wer also wirklich ein Hobby pflegt, sollte diesen Kosmos besonders gut nach einem möglichen Partner durchsuchen. Und wer noch kein Hobby hat, wer vielleicht viel zu oft daheim vor Dating-Apps und dem Fernseher verbringt, sollte sich überlegen, ob es nicht etwas gibt, was ihn mit wirklicher Begeisterung und Freude erfüllen könnte. Und dann sollte er/sie Mitglied in ebendiesem Club werden.

47. IDEE

Spiele und Spielecafé, Tabu

Jetzt ein Tipp für alle, für jede Jahreszeit, für jede Altersgruppe: das gute alte Gesellschaftsspiel. Entweder ihr macht es ganz klassisch und ladet einfach Menschen zu einem schönen Spieleabend ein, am besten sollten die eingeladenen Menschen einfach Leute mitbringen, die ihr vielleicht noch nicht kennt, oder ihr wählt die hippere Variante und verabredet euch im Internet zu solchen Veranstaltungen. Oder ihr haltet nach Kneipen und Cafés Ausschau, die so etwas anbieten.

So werden – dem Beispiel des legendären Pubquiz folgend – in manchen Bars an bestimmten Tagen in der Woche Quiz-Abende abgehalten. Es gibt auch Veranstaltungsorte, die sich ausschließlich dem Spiel verschrieben haben, zum Beispiel solchen Wissensspielen, bei denen man in Gruppen gegeneinander antritt, und jeder kann mit seinem vorhandenen oder nicht vorhandenen Wissen angeben. Oder es werden zum Beispiel Tabu- und Bingo-Abende angeboten. Es gibt außerdem Spielecafés, in denen Brettspiele zur Verfügung stehen, und man fragt einfach rum, wer eine Runde mitspielen möchte. Dazu kommen die öffentlichen Schach- und Mühleplätze. Und wie wär's mit Billard? Darts? Man kann sogar online zusammen spielen: Vera und Horst, ehemalige Studienkollegen von mir, haben sich auf einer Onlinespiele-Plattform kennengelernt. Wenn ihr schwört, dass ihr nicht nur zusammen spielen werdet, sondern euch zu einem Kaffee verabredet, von mir aus gerne! Viel Glück!

48. IDEE

Ein Buch schreiben

Ganz im Ernst: Ein Buch zu schreiben, ist ein richtig guter Plan, wenn man Leute kennenlernen will. Ich kann euch gar nicht sagen, wie viele Leute ich bei der Recherche und während der Arbeit an diesem Buch kennengelernt habe. Und ich hatte immer ein gutes Gesprächsthema für Partys und jede Art von Small Talk. Jetzt werdet ihr sagen, dass das ja auch ein besonders gut geeignetes Thema ist, wobei ich euch zustimme, aber auch die schrägsten Themen werden Interesse bei den Zuhörern erwecken, wenn man sie ernsthaft betreibt und wenn man ein Buch darüber schreibt.

Natürlich sollte man jetzt keine stundenlangen Vorträge über sich selbst und sein tolles Buchprojekt halten, aber als kleiner interessanter Input ist das wirklich ein gutes Thema! Außerdem muss man viele Leute befragen oder kann sie jedenfalls befragen: andere Fachleute, Menschen, von deren Erfahrung man gerne profitieren würde, oder einfach, um weitere Anregungen und Ideen zu bekommen. Andere Menschen rufen vielleicht eine Podcast-Reihe ins Leben oder widmen sich einem Blog. Da ist dann der Austausch auch schon vorgegeben, denn wenn es sich um ein Thema handelt, für das sich die Menschen wirklich begeistern können, werden sie Nachrichten und Kommentare hinterlassen, und schon kommt die Kommunikation in Schwung. Bei solchen Projekten trifft man eben offline oder online Menschen, die sich genau für das interessieren, was man ja auch selbst so richtig spannend findet.

Sport passiv

Sportereignisse. Aufgepeitschte Gefühle. Eine Zusammenkunft unzähliger Menschen. So viele, wie in keinem Club, auf keiner Party, in keiner Bar und nur auf den ganz prestigeträchtigen Konzerten zu finden sind. Eine perfekte Gelegenheit, um Menschen kennenzulernen! Zeit, dass man hierzu ein paar Sportarten unter die Lupe nimmt.

Fußball: Ein zumeist arroganter Fanatiker, der in oberkörperfreier Gebetshaltung seinen elf Aposteln im Trikot huldigt, versprüht im Allgemeinen zu wenig Sympathie, als dass man ihn freiwillig anspricht – besonders, wenn das Spiel noch am Laufen oder, um bei den Religionsphrasen zu bleiben, die Messe noch nicht gelesen ist.

Andererseits kann genau das Fan-Dasein eine große Gemeinsamkeit darstellen – und so, wie sich zwei FC-Bayern-Fans verstehen, können sich mit einer Borussia-Dortmund-Sympathisantin und einem FC-Schalke-04-Fan auch Gegensätze anziehen. Letztere sollten allerdings außerhalb der Fußballtempel und damit lieber unter vier Augen erörtert werden, gemeinsame Stadionbesuche wären hingegen ein mehr als passender Zeitvertreib als Fußball-Pärchen.

Tennis: Zwei Menschen – ab und an auch vier –, die zwei Schläger dazu benutzen, sich einen gelben Filzball um die Ohren zu pfeffern. Das Verfolgen eines Tennisspiels kann, sofern man das zu ausgiebig macht, bleibende Schäden hinterlassen. Und die Kopfbewegung des Zuschauers, den man ausgerechnet nach einem Date fragt, während er die Ballwege verfolgt, könnte fälschlicherweise als »Nein« verstanden werden. Damit wäre letztlich das gute »Timing« gefragt, um jemanden während des »Breaks« anzusprechen.

Handball: Zweimal sieben Kleiderschränke im Format zwei Meter auf einen Meter, die ohne Rücksicht auf Verluste aufeinander zuspringen, um eine kopfgroße Lederkugel in ein kleines Tor zu schleudern, dessen masochistisch veranlagter Hüter gern die Zielscheibe abgibt. So hart dieser Sport auch ist, so diszipliniert sind sowohl Spieler als auch Zuschauer. Letztere sind, wie beim Volleyball, meist aktive Betreiber des Sports – als Handballer allerdings auch ganz umgängliche Typen, oft etwas groß und damit wenig rückenschonend. Mit Blick auf zukünftige Dates und Unternehmungen sollte man daran denken, dass sie für feine Aktivitäten weniger zu gebrauchen sind: Das Spiegelei wird eher einem Rührei ähneln, der Origami-Kurs funktioniert nicht mit unter DIN A2 großem Papier, und zum gemeinsamen Mikado-Abend sollte man beim Chinesen Essstäbchen besorgen.

Schwimmen: Während acht nur knapp bekleidete Menschen in ein 50 Meter langes Wasserbecken tauchen, hat man durchaus die Möglichkeit, auf der Tribüne nette Gespräche zu führen – und wenn dein jeweiliger Gesprächspartner lieber anfeuern will, ist das die Vorlage für einen tollen Gesprächsanfang: Glaubt der denn wirklich, dass der Schwimmer mit zwei Schichten Gummihauben über dem Ohr und dem Platschen seiner sieben Konkurrenten um ihn herum irgendetwas von dem Support mitbekommt?

Selbstverständlich gibt es weitaus mehr und andere Sportarten, doch anstatt bei der nächsten Darts-WM aus zu großer Entfernung dabei zuzusehen, wie Menschen kleine Pfeilchen auf eine kaum zu erkennende Scheibe schmeißen, ist man in jeder Kneipe, wo eine Dartscheibe hängt, besser aufgehoben.

Chor

Du kannst nicht singen? Nicht weiterblättern! Auch wenn sich dieser Tipp vordergründig an die sangesfreudigen Singles unter uns richtet, gibt es dennoch den ein oder anderen Kniff, um ein musikalisches Date zu arrangieren – selbst wenn man nicht als Whitney Houston oder Frank Sinatra zur Welt gekommen ist. Allerdings sollte man dem Chorgesang an sich zumindest nicht völlig abgeneigt sein. Doch das ist allein deshalb kein allzu großes Hindernis, weil es heutzutage quasi für jeden denkbaren Musikstil und jedes sängerische Level den passenden Chor gibt: Es gibt große Chöre, kleine Chöre, klassische Chöre, A-capella-, Gospel-, Pop- und Barberchöre, bunt gemischte oder reine Männer- beziehungsweise Frauenchöre. Es gibt Kirchen- und Opernchöre, Liederkreise und Gesangsvereine, ja sogar Techno- oder Heavy-Metal-Chöre! Wenn es weniger um das Niveau, sondern vor allem um das gemeinsame Singen und den Spaß dabei geht, gibt es eben auch Chöre explizit für Nicht-Sänger wie beispielsweise den »Ich-kann-nicht-singen-Chor« in Stuttgart.

Und – das sollte man an dieser Stelle nicht vergessen – man muss auch gar nicht unbedingt Mitglied in einem Chor werden, um von der emotionalen und mitreißenden Atmosphäre, die so manches Chorkonzert umgibt, dating-technisch zu profitieren. Man muss ja bedenken, dass man als Publikum je nach Konzertdauer jede Menge Zeit hat, die Sängerinnen und Sänger zu begutachten. Und – das kann ich aus eigener Erfahrung versichern – auch aus der Chorperspektive fällt es auf, wenn einen während des Konzerts von unten blitzend blaue Augen anstrahlen. Nicht nötig zu sagen, dass das natürlich nur funktioniert, wenn man nah genug an der Bühne sitzt – sonst wird es etwas schwierig mit dem Augenkontakt ...

Ein wichtiges Kriterium für den Dating-Erfolg ist also die durchdachte Auswahl des Chores. Natürlich sollte man dabei seinen Interessen und Fähigkeiten folgen. Nicht zu unterschätzen ist aber auch die Eigendynamik, die Chöre in den unterschiedlichen Genres besitzen. So geht es in klassischen Chören, bei denen in aller Regel das korrekte Vom-Blatt-Singen im Vordergrund steht, deutlich reservierter und strenger zu als in Chören, die mehr auf Improvisation und energiegeladene Emotionen setzen wie bei Jazz- oder Gospelchören. Aber jeder nach seinem Pläsier!

Was man auch beachten sollte: Chöre sind ein emotional höchst sensibles Biotop. Das sorgt einerseits für die besondere Atmosphäre, die durch das gemeinsame Musizieren entsteht. Andererseits muss man sich aber im Klaren darüber sein, auf was man sich bei einem Flirt innerhalb dieses oft über Jahre gewachsenen Gefüges einlässt – ganz besonders, wenn es der Chorleiter/die Chorleiterin ist, auf den/die man ein Auge geworfen hat ... Das soll aber auf keinen Fall abschrecken! Wenn man also nicht nur Spaß für eine Nacht sucht, stehen die Chancen hoch, im Chor jemanden zu finden, der nicht nur die gleiche Leidenschaft teilt, sondern mit dem man auch ganz ungezwungen regelmäßig schöne Erlebnisse hat, die zusammenschweißen: Seien es die wöchentlichen Proben, die geteilte Aufregung vor Konzerten oder gemeinsame Probenwochenenden beziehungsweise Ausflüge, bei denen auch immer ein bisschen Ferienlager-Stimmung mitschwingt – tiefgründige Gespräche im Schlafanzug bis tief in die Nacht bei der mitgebrachten Flasche Rotwein oder Lagerfeuerromantik wie zu schönsten Teenagerzeiten.

Hat man all diese »Hürden« gemeistert, bieten sich im Chor zahlreiche unkomplizierte Möglichkeiten, um ins Gespräch zu kommen: »Darf ich mit reinschauen?«, »Du hast eine wirklich tolle Stimme!« – »Ich singe richtig gern neben dir!«, »Kannst du mir bei der Stelle hier helfen?«, »Puh, das ist ganz schön schwierig. Wollen wir vielleicht mal zusammen üben?« Oft gibt es auch einen Stamm-

tisch, bei dem man sich nach der Probe noch auf ein Getränk zusammensetzt. So kann man sich ganz ungezwungen schon mal
etwas privater kennenlernen. Wer allerdings verhindern möchte,
dass es nach solchen Abenden in der Gerüchteküche zu brodeln
beginnt (was sehr wahrscheinlich ist), sollte besser in einer etwas
weiter entfernten Lokalität auf den Chor-Feierabend anstoßen.

Ein Hindernis könnten noch ein allzu strenger Chorleiter oder
missgünstige Mitsänger sein, die aufs Quatschen während der
Probe mitunter ungehalten reagieren. Dann bleibt aber immer
noch der oben erwähnte Blickkontakt, der sich auch ideal während
ausgedehnter Probenabende einsetzen lässt. Oder man wird einfach Mitglied im berühmt-berüchtigten Münchner Kneipenchor,
der ganz gemäß dem Motto »Singen und Trinken, Trinken und
Singen« in einer Bar probt und bei dem die Unterhaltung quasi
obligatorischer Teil des Gesamtkonzepts ist!

Ein Instrument lernen

Ein absoluter Klassiker, der uns als Kinder vielleicht das Blut in den Adern gefrieren ließ: ein Instrument lernen. Falls ihr zu denjenigen gehört, die als Kind vollkommen unmotiviert auf ihrer Blockflöte rumgequiekt haben oder für die die tägliche halbe Stunde Klavierüben einem Super-GAU gleichkam, so denkt jetzt noch mal in Ruhe drüber nach: Zumindest, wenn man Musik als Zuhörer mag, kann es sich wirklich auch als Erwachsener noch lohnen, ein Instrument zu erlernen. Da erschließt sich einem die Musik nämlich ganz anders. Und schon als Schülerin war ich auf die Musiker an meiner Schule eifersüchtig, die stets zusammen in Gruppen herumhingen, auf Orchester- und Chorfreizeiten fahren durften und dann voller aufregender Abenteuerberichte zurückkamen. Dafür ist es jetzt nicht zu spät! Stürzt euch in dieses Abenteuer! Aber bitte nicht Klavier. Um nämlich als Pianist in einer Gruppe zu spielen, muss man schon richtig gut sein. Lernt ein Instrument, das euch die Möglichkeit gibt, in einer Band oder in einem Orchester mitzumachen. Und sucht euch einen charmanten Lehrer oder eine charmante Lehrerin. Geht an eine Musikschule, die nicht nur Unterricht anbietet, sondern auch Konzerte, Jamsessions etc. Musiker sind unglaublich gute Netzwerker, jeder hat stets Interesse daran, zu sehen und zu hören, was die anderen so machen, in Bands mitzuspielen, auch austauschweise, auf Musikwochenenden und Musikfreizeiten zu fahren und so weiter. Ja, das geht jetzt nicht gleich am Anfang, wenn man noch gar nichts kann, aber wenn man wirklich motiviert ist, wird man bald ein Level erreichen, bei dem man im Hintergrund schon mal mitmachen darf. Und der Spaß an der Sache ist ja die Hauptsache! Und wer schon ein Instrument beherrscht, aber dieses Talent bisher nur im Verborgenen blühen ließ, für den ist es jetzt wirklich an der Zeit, in die Öffentlichkeit zu gehen. Sucht euch eine Band, traut euch auf die Bühne des Lebens!

Schafkopfen, Skat, Whist, Bridge

»Schafkopf ist ein traditionelles deutsches Kartenspiel. In seiner heutigen Gestalt als Bayerischer Schafkopf oder Bayerisch-Schafkopf ist es eines der beliebtesten und verbreitetsten Kartenspiele Bayerns und angrenzender Regionen. Es gilt als Kulturgut und Teil der altbayerischen und der fränkischen Lebensart.«

So beschreibt es Wikipedia, und man kann vor allen Dingen den Damen nur raten, zum Teil altbayerischer und fränkischer Lebensart zu werden, indem sie dieses nicht allzu schwere Kartenspiel erlernen – sollten sie es nicht schon aus der Schule können. Es macht wirklich Spaß, und es gibt kaum geselligere und vor allen Dingen lustigere Runden.

Denn beim Schafkopfen muss man richtig cool sein, die tollsten Sprüche klopfen und im besten Bairisch tiefsinnige Kommentare abgeben, worüber dann alle Beteiligten herzlich lachen müssen. Überall in Bayern kann man Schafkopf lernen, überall finden sich Runden zum Schafkopfen zusammen, und es finden ganze Turniere statt, bei denen man vom Trostpreis bis zum Einfamilienhaus alles Mögliche gewinnen kann. Oder man tritt gleich einem Verein bei. Darüber hinaus ist Schafkopf auch für »Zuagroaste« ein guter Weg, sich die Herzen der Bayern zu öffnen: Wer Schafkopf spielen kann, ist schon fast ein Bayer. Die Vereine übrigens verzeichnen hohe Zuwachsraten, und vor allem junge Leute sind es, die sich wieder fürs Schafkopfen interessieren. Im Internet finden sich Listen von Gaststätten in München, in denen Schafkopfen erlaubt oder ausdrücklich erwünscht ist.

Wer nun aber nicht in Süddeutschland lebt, der kann immer noch Skat spielen oder Whist. Oder einem Bridge-Club beitreten. Obwohl ich mir habe sagen lassen, dass Bridge schon ziemlich schwierig ist. Dafür halten die Mitglieder aber umso besser zusammen.

Oma und Opa haben sich doch auch beim Tanzen kennengelernt! Tanzen, vor allem: der Tango

Ganz im Ernst: Meine Großeltern haben sich 1947 im Westend in München in der Kneipe »Der Trompeter von Säckingen« beim Tanzen kennengelernt. Ohne Tanzen gäbe es mich also nicht. Und da gibt es jetzt bestimmt viele Menschen, die auch mit einer solchen Geschichte aufwarten können. Es liegt ja auf der Hand: Tanzen macht Spaß. Musik hebt die Laune. Man muss sich anfassen. Ich spreche jetzt nicht von der Disco oder vom Club, ich spreche jetzt vom klassischen Tanz. Die Rollen sind festgelegt: Der Herr führt, es ist klar, wer wen auffordert, es sei denn, es ist Damenwahl. Vergesst alle schauerlichen Erlebnisse, die ihr vielleicht früher beim Tanzkurs hattet. Unter Erwachsenen ist das wirklich etwas anderes. Ein Tanzkurs für Anfänger oder Fortgeschrittene macht unglaublich viel Spaß, wenn man eine nette Schule, einen witzigen Tanzlehrer und eine gute Gruppe findet. Aber das bieten wirklich fast alle klassischen Tanzschulen! Und dann der Tango. Nicht umsonst hat er einen gewaltigen Siegeszug durch Europa angetreten. Tango tanzen ist wirklich aufregend, näher kann man sich kaum kommen, bevor man miteinander zwischen den Laken landet. Die Musik ist großartig, die Bewegungen ästhetisch, aber es ist wirklich nicht ganz leicht. Für Menschen allerdings, die sich in ihrem Körper wohlfühlen und auf dem Tanzparkett schon halbwegs sicher sind, ist es einen Versuch wert. Und wenn ich das jetzt einfach mal so sagen darf: Ich kenne drei Damen jenseits der 40, die sich im Tangokurs einen Mann geangelt haben! Weil dort wirklich alle Altersklassen übers Parkett wirbeln, weil die Männer, die zum Tangotanzen gehen, sich meistens wirklich etwas trauen? Ich weiß es nicht genau, aber es scheint zu funktionieren. Tango wird ja heutzutage beinahe überall getanzt, nicht nur in Tanzschulen, sondern auch im Sommer auf öffentlichen Plätzen, oder es gibt öffentliche Veranstaltungen, zu denen man einfach dazustoßen kann.

Für die älteren Semester bietet sich das Tanzkränzchen an, auch Senioren-Tanztee genannt. Und natürlich lernen sich auch in Clubs total viele Menschen kennen. Auch das hat seinen Grund: Man trinkt was, die Musik ist laut, die Hemmschwelle wird niedriger, das Spiel mit Blicken, zufälligen Berührungen und langsam näher tanzen und näher kommen hat einen unfassbaren Reiz. Also, welche Variante ihr auch immer mögt: schwingt euch aufs Tanzparkett!

54. IDEE

Minigolf, Freibad, Schlittschuhlaufen, Tischtennis und Rollerskates – oldschool

Und hier noch ein Tipp für diejenigen, die als Kind tatsächlich noch Rollerskates gefahren sind. Oder für diejenigen, die es gerne oldschool mögen: Macht doch mal was, was eure Eltern schon gemacht haben: Minigolf, Freibad, Schlittschuhlaufen oder eben besagte Rollerskates fahren. Das waren alles Hobbys, die seinerzeit nicht umsonst großen Anklang gefunden haben, sondern weil sie unfassbar lustig sind, man eine Portion Humor dafür braucht und man sich selbst nicht zu ernst nehmen sollte. Es geht hier nicht um Effizienz oder Selbstoptimierung, sondern um den reinen Spaß. Menschen, die sich im städtischen Freibad fragen, warum keine Garnelenspieße angeboten werden, sollten sich hier nicht angesprochen fühlen. Man sollte sich schon über fettige Pommes mit Ketchup freuen können. Man sollte diese nostalgischen Orte ohne Kalorienbewusstsein einfach genießen, samt klebriger Delial-Sonnencreme (mhm! Dieser Duft!). Und auch hier werden sich Gleichgesinnte treffen. Die Tischtennisplatten, die im Moment Gott sei Dank überall aufgestellt werden, sind auch ein guter Ort, um dem Lebenspartner zu begegnen. Nichts ist leichter, als zu fragen, ob man mitspielen darf. Und es gibt ja auch Doppel, oder man kann zu dritt »Rundlauf« spielen und so weiter. Seid locker, vertraut mir und probiert es aus.

55. IDEE

Flohmarkt

Das mit dem Daten ist wie auf dem Trödelmarkt: Oft hat man das Gefühl, das Beste hat einem schon wer vor der Nase weggeschnappt, und wenn man gezielt auf der Suche ist, findet man selten etwas. Allerdings stehen die Chancen nicht schlecht, mit etwas Glück und Geduld doch auf etwas oder jemand Interessantes zu stoßen, man darf nur die Lust am Stöbern nicht verlieren! Wenn also Trödel und Krimskrams (und die erwähnte wunderbare Analogie) dein Herz nicht unbedingt höherschlagen lassen, dann ja vielleicht die Aussicht auf ein spannendes Kennenlernen zwischen Nippes und Kleinodien aus vergangenen Jahrzehnten.

Dazu kommt, dass in den letzten Jahren das Publikum an Flohmarktgängern stark gewachsen ist, es zählt zu den hippen Wochenendunternehmungen. Im Zeitalter des Vintage-Hypes kommt Secondhand im Großformat gut an. Und im Internet lassen sich ganz schnell und einfach die nächsten Termine in der Umgebung herausfinden, egal ob Hinterhof-, Fahrrad-, Bücher- oder Nacht-flohmarkt.

Flohmärkte haben ja meist einen ganz eigenen Charme, man kann regelrecht in frühere Zeiten abtauchen, und mit leichtem Hang zum Sentimentalen kann man bei so viel Vergangenheits-präsenz schon mal der Nostalgie anheimfallen. Am schönsten ist es, sich ganz ohne Druck durch die Standreihen treiben zu lassen, hier und da zu schmökern oder einfach nur mit einem Kaffee in der Hand über den Markt zu bummeln und den Feilschgesprächen zu lauschen. Es ist doch auch eine romantische Idee, dass sich jemand für ein Lieblingsstück, das einem nicht aus dem Kopf will, ins Zeug legt und verhandelt. Und es gibt zusätzlich noch ein gutes Gefühl, etwas zu erstehen und jemandem eine Freude damit zu bereiten.

Du bist aber so gar nicht der Typ dazu, der freiwillig um sechs Uhr Sonntagfrüh auf der Matte steht, noch bevor die ersten Sonnenstrahlen den Asphalt berühren? Macht nichts, denn auch für Langschläfer zahlt sich der Besuch auf einem Trödelmarkt aus, denn oftmals entdeckt man die schönsten Dinge, wenn man am wenigsten damit rechnet. Das ist auch gleichzeitig das Geheim-nis an Flohmarktbesuchen: Man sollte sich ganz ohne Hektik und Zeitdruck in das Unterfangen Flohmarkt stürzen, um das Flair und die Atmosphäre auch genießen zu können. Außerdem werden die Trödelmärkte immer mehr zum Event, sodass Veranstaltungen wie Night Bazaar oder Midnightbazar keine Ausrede mehr bieten, sich nicht auf einem Flohmarkt herumzutreiben.

Wer sich doch schon untertags unter die Schnäppchenjäger gesellt, dem sei geraten: die Wetter-App im Auge behalten! Mit Schirm und Sonnencreme ist man für alle Eventualitäten gerüstet und hat dazu noch ein Ass im Ärmel. Bei sengender Hitze, die von den meisten unterschätzt wird, und aufgeheiztem Beton mutiert man schnell zum Retter in der Not mit LSF 30 in petto, und wer wäre nicht angetan von einer rigoros schützenden Geste vor dem

Hitzekollaps oder Sonnenstich! Umgekehrt empfiehlt sich die Mitnahme eines Regenschirms bei steigender Niederschlagsprognose, da auch hier das Phänomen nicht selten ist, dass niemand daran denkt, sich schirmtechnisch auszustatten. Und nicht nur in Filmszenen wirkt der dramatische Regeneffekt! Auch im echten Leben kann es unter dem aufgespannten Regenschutz zu romantischen Momenten kommen.

Flohmärkte eignen sich auch wunderbar für erste Treffen. Es gibt viel zu sehen, man kommt in Bewegung, und Langeweile ist praktisch unmöglich; und was ist bitte inspirierender als alter Klimbim? Man kann sich gemeinsam Geschichten zu den Gegenständen überlegen, spekulieren, wem sie wohl gehört haben, wie lang sie auf dem Dachboden geschlummert haben, und in Kindheitserzählungen schwelgen, nostalgisch werden und sich Händchen haltend am Durchforsten erfreuen und der felsenfesten Überzeugung sein, ein Kunstwerk ausgegraben zu haben, dessen unschätzbarer Wert bis jetzt nur keinem aufgefallen ist.

Wer jetzt noch nicht überzeugt ist, der sollte sich schleunigst auf den Weg machen und sich selbst ein Bild machen (oder kaufen). Und hat man am Ende des Flohmarkttages auch kein Sammlerstück ergattert, so doch vielleicht ein Herz erobert.

56. IDEE

Guerilla Gardening

Guerilla Gardening kann man doch eigentlich nur von Herzen unterstützen, oder? Jeden Sommer frage ich mich an jedem heißen Tag, warum es nicht mehr Bäume in der Stadt gibt. Und überhaupt wären mehr Pflanzen schön. Also: Macht Guerilla Gardening und lernt dabei euren Lebenspartner kennen. Beinahe nichts gibt einem ein so gutes Gefühl, wie wenn man körperliche Arbeit für sinnvolle

Ziele geleistet hat und im Laufe der Wochen und Monate dann auch noch dabei zusehen kann, wie die Dinge gedeihen und wachsen und blühen. Das passiert beim Gärtnern! Und wenn man das noch dazu in einer sympathischen Gruppe macht, ein großartiges Hobby! In jeder Stadt gibt es Vereine, denen ihr euch anschließen könnt, oder ihr gründet selbst eine Gruppe. Wen der illegale Beigeschmack stört, der kann sich natürlich auch legalen Gartengruppen anschließen. Und während aus einer Tulpenzwiebel eine wunderschöne Blüte entsteht, entsteht vielleicht zwischen den Teilnehmern so etwas wie Liebe ...

57. IDEE

Rauchen, auch ohne Zigaretten und vor allen Dingen ohne Feuerzeug oder Streichhölzer

Also, Raucher sind wirklich zu beneiden. Zwar fügen sie ihrer Gesundheit Schaden zu, werden eventuell sogar faltig und riechen nicht besonders angenehm, es sei denn, sie kauen nach jeder Zigarette sofort einen Kaugummi – aber ach, was für eine großartige Methode, um Leute kennenzulernen! Mal ganz davon abgesehen, dass Raucher wegen ihrer Sucht immer mal wieder eine Pause machen müssen, sich zum Rauchen draußen treffen und dann eigentlich nichts zu tun haben, als in die Gegend zu schauen, die anderen Leute zu beobachten und eben zu rauchen, ist es eine der besten Möglichkeiten überhaupt, um mit Leuten ins Gespräch zu kommen. Eben deswegen, weil es absolut nichts zu tun gibt, als zu rauchen. Und rauchen ohne zu reden ist ja nun wirklich öde! Nun kann ich euch aber schlecht dazu auffordern, zu rauchen, zumal ich selbst Nichtraucherin bin. Aber: Raucher sind meistens so cool und entspannt, dass man sich auch zu ihnen stellen darf, wenn man nicht raucht. Oder man bringt sich aus dem Büro eine Tasse

Tee oder eine Tasse Kaffee mit. Kleine Pausen führen nachweislich zu effizienterem Arbeiten. Und warum sollten sie ausschließlich den Rauchern vorbehalten sein? Man kann dabei eben dieselben Gespräche führen, die Raucher untereinander führen. Sollte man rauchen, ist es natürlich unabdingbar, Feuerzeuge, Streichhölzer und sonstige feuergebende Instrumente daheim zu vergessen und gar auch die Zigaretten. Denn dann kann man die anderen nach einem Feuerzeug fragen, und man darf durchaus unter Rauchern auch mal eine Zigarette schnorren oder ausstrahlen, dass man angeschnorrt werden kann. Tipps für die Gesprächsanknüpfung muss ich euch an dieser Stelle ja nicht geben, oder? Befindet man sich vor einem Restaurant, Club etc., kann man sich natürlich über diese Lokalität austauschen. Genauso verhält es sich vor Arbeitsplätzen, wo man über die Arbeit sprechen kann; Hotels, Flughäfen und Bahnhöfe verlangen geradezu mehr Informationen über die jeweiligen Reisepläne. Und wenn ihr dann glücklich vereint seid, gebt ihr das Rauchen auf und tut was für eure Gesundheit! Denn wer braucht schon Drogen, wenn er frisch verliebt ist?

58. IDEE

Im Winter

So, jetzt ist also Winter. Die beste Zeit, um sich mit einer warmen Decke und einer heißen Tasse Tee auf dem Sofa zusammenzurollen und ein gutes Buch zu lesen. Oder gar noch mal sämtliche 274 Staffeln von *Game of Thrones* zu sehen. Nein, halt, ganz falsch! Der Winter bietet die schönsten Gelegenheiten, um Herzen zum Dahinschmelzen zu bringen. Kenner altmodischer Vergnügungen kaufen, schälen und verzehren Maroni. Da lässt es sich wunderbar mit dem Maroni-Mann flirten und vielleicht findet sich ein Mittäter? Jemand mit dem man über den Wert solcher Rituale sprechen kann. Schlittschuhlaufen wäre eine weitere Option. Jetzt werden die Spötter sagen, dass man sich ja auf der Eisfläche in den allermeisten Fällen nicht auf besonders elegante Weise bewegt. (Die wahren Könner einmal ausgenommen.) Aber gerade, dass man keine gute Figur macht, ist vielleicht das Charmante daran. Und natürlich gerade, wenn man ausgleitet, gibt es die Möglichkeit, bei einem anderen Schlittschuhlaufenden Halt zu suchen. Eisstockschießen? Das ist genauso wie beim Boulespiel im Sommer. Die Gruppen sind schon da und nehmen großzügigerweise den einen oder anderen Mitspieler auf – oder man verabredet sich vorher im Netz. An gediegenen Orten des Eissports gibt es meistens Büdchen, die Prosecco oder wahlweise Glühwein anbieten. Auch hier bieten sich natürlich wunderbare Gelegenheiten, um trotz rot gefrorener Nasen zu flirten. Oder Weihnachtsshopping: Da ist jeder mal auf gute Ideen angewiesen und warum soll man nicht danach fragen? Natürlich ist die Vorweihnachtszeit die Zeit, in der alle in Stress verfallen und total abdrehen. Aber wenn wir ganz ehrlich sind, dann befällt uns doch zwischendurch immer wieder ein besonderes Gefühl, irgendwie ist alles emotionaler und letztendlich ist es eben doch noch so, dass man sein Herz ein bisschen weiter öffnet als sonst im Jahr. Liebe ist ein Thema allüberall und man braucht sich nur darauf einzulassen.

Christkindlmärkte und Skifahren werden in extra Tipps angesprochen – ich erwähne sie hier nur noch einmal, um die Qualität des Winters zu unterstreichen. Dazu kommen ausgedehnte Feierlichkeiten und die pompösen Tanzveranstaltungen wie Faschings- und Schwarz-Weiß-Bälle. Warum soll man sich nicht mal einen total mondänen Tanzabend gönnen? Oder zumindest eine Party schmeißen, auf der man gemeinsam den Wiener Opernball anschaut? Einen Weihnachtsbaum zu kaufen, ist auch eine gute Idee. Die Damen lassen sich beim Tragen und beim Verfrachten der Tanne ins Auto helfen, die Herren brauchen Rat bei der Auswahl eines perfekt gewachsenen Baumes. Dabei kann man gleich abchecken, wie die Herren der Schöpfung selbst gebaut sind. Kaum ist Weihnachten vorbei und hat man jetzt wirklich unter dem Mistelzweig immer noch niemanden geküsst, kommen die Silvesterpartys. Nicht nur Harry und Sally sind sich dabei endgültig in die Arme gefallen. Also bloß nicht Trübsalblasen und daheim vor dem Fernseher sitzen, sondern raus in den Trubel! Neues Jahr, neues Glück!

»Ich hab auch Online-Dating ausprobiert, um zu wissen, wovon alle reden ...«

Uta, 47, arbeitet im Bereich Unternehmens-Coaching. Sie fand den Mann ihrer Träume beim Singen.

Wie hast du deinen Partner kennengelernt?
Unsere allerallererste Begegnung war bei einem Auftritt mit meinem Chor im September. Ich war an dem Tag sehr, sehr gut gelaunt und hatte richtig viel Spaß beim Auftritt und dann sehe ich automatisch immer auf Leute im Publikum, die offensichtlich Spaß haben. Und in der ersten Reihe saß ein Pärchen – zumindest haben die beiden so ausgesehen – ungefähr in meinem Alter, eine mitteljunge Frau und ein mitteljunger Mann sozusagen, und die sind total mitgegangen, haben geklatscht, sich bewegt und teilweise mitgesungen.

Und als das Konzert zu Ende war, bin ich dann direkt zu den beiden hin, und hab gesagt: »Hey, das ist ja unglaublich toll, wie ihr mitgegangen seid! Seid ihr schon lange Fans vom Gospelchor oder das erste Mal hier?« Da sagte sie: »Ja, zum ersten Mal.« Und ich so: »Echt, das ist ja der Wahnsinn«, und »könnt ihr denn singen? Denn dann müsst ihr unbedingt bei uns mitmachen!« Sie meinte dann aber, dass sie schon in einem anderen Gospelchor singt. Und ich, »ah, wie schade.« Und zu ihm dann so: »Und was ist mit dir? Kannst du singen?« Und er nur so: »Joaaa...« »Dann musst du unbedingt bei uns mitsingen, wir brauchen immer tolle Männer, da musst du unbedingt zu uns kommen.« Und dann hab ich noch gesagt, »und übrigens, vom Singen kriegt man auch 'n Sixpack.« Dann war das Gespräch auch zu Ende. Ich bin einfach davon ausgegangen, dass die beiden ein Paar waren und hab gar nicht weiter drüber nachgedacht, ob Marco Single sein könnte, sondern hab mich nur sehr über die Begegnung gefreut.

Wie ist es weitergegangen?
Der Auftritt war im September und im Februar stieß in unsere wöchentliche Probe ein sehr sympathischer Typ dazu, der mich an jemanden erinnerte, der früher einmal in unserem Chor gesungen hat. Ich hab dann zu ihm gesagt: »Hey, du bist neu hier! Herzlich willkommen! Du siehst aus wie der soundso, der früher auch hier gesungen hat. Das war ein super Solist!« Und er hat geantwortet: »Ja, ich glaub, ich nicht, aber ich freue mich auch, hier zu sein.« Das war's dann auch erstmal. Und über die Wochen haben wir nicht viel miteinander geredet, aber der Kontakt war einfach da, manchmal Blickkontakt oder kurze Gespräche auch mit anderen zusammen. Das hat sich dann irgendwie so entwickelt. Es gab dann ein Gewinnspiel, das ich für den Chor gemacht habe: Ich hatte in unseren Newsletter ein Foto von unserem letzten Probenwochenende eingebaut und gesagt, »Hey Leute, wer zuerst entdeckt und mir sagt, was da von unserem Probenwochenende zu sehen ist, dem bring ich am Mittwoch 'ne Überraschung mit in die Probe.« Und dreimal darfst du raten, wer in knapp sieben Minuten geantwortet hat? Der Marco! Und dann hab ich gedacht, welcher war noch mal der Marco? Der neue Tenor oder der Bass? Egal, werde ich ja sehen.

Um es kurz zu machen: In der nächsten Probe habe ich ihm dann die Belohnung mitgebracht – das war auch was ganz Profanes, 'ne Tüte Dorito-Chips. Wir haben die auf jeden Fall direkt aufgemacht und gegessen, haben uns gefreut und sind ins Gespräch gekommen. Wir haben einfach gemerkt, dass wir viele Gemeinsamkeiten haben, dass wir uns toll miteinander unterhalten können und dass es sich einfach gut miteinander anfühlt. In der Folge haben wir dann ab und zu was zusammen gemacht, in den Chorproben haben wir uns eh immer getroffen und uns oft unterhalten. Ja, so sind wir uns begegnet.

Du hast ja vorher auch schon mal erzählt, dass du gar nicht »auf der Suche« warst ...

Genau. Also prinzipiell war das schon so, dass ich seit einer Weile Single war. Und ich hab mir natürlich schon 'ne Beziehung mit 'nem tollen Mann gewünscht. Also, ich kann jetzt nicht sagen, dass ich gar nicht auf der Suche war. Ich wusste nur von mir selbst, dass es nicht funktioniert, wenn ich auf der Suche bin. Das weiß der Kopf, aber der Körper reagiert anders.

Das Interessante ist: Etwas in mir wusste immer, dass ich meinen Partner in einer ganz alltäglichen Situation treffen würde, ich hab mir immer eingebildet, dass es an der Supermarktkasse sein würde (*lacht*). Tatsächlich gab es Zeiten, wo ich dachte: »Och, ja, das wäre doch wirklich toll, wenn ich denjenigen treffen würde« – und dann bin ich manchmal auch zweimal am Tag einkaufen gegangen ... (*lacht*). Hab mich auch gar nicht extra schick gemacht, weil ich mir dachte, wenn der Richtige kommt, dann wird er mich so sehen, wie ich bin. Tatsächlich musste ich dann selber über mich lachen, weil ich mich manchmal an der Supermarktkasse dabei erwischt habe, wie ich mich umschaue, ob er schon da steht. Dann dachte ich aber: »Uta, dich selber veräppeln, ist auch keine Lösung – das wird schon irgendwann. Der wird schon irgendwann auftauchen.«

Wenn man's so nimmt, ist so ein Auftritt keine absolut alltägliche Situation wie im Supermarkt an der Kasse stehen, aber da ich auch schon so lange im Chor bin, gehört es zu meinem Alltag dazu, auch wenn es jedes Mal etwas Besonderes ist. Aber im Prinzip hatte mein Bauch ganz recht: Der wusste, es wird eine – für mich – alltägliche Situation sein, bei der ich nicht damit rechne. Und genauso war es auch.

Wann ist es denn für euch beide ein Thema geworden?

Im Prinzip ist es für mich klar geworden, als ich alle möglichen Sachen erzählt habe, warum das bestimmt nichts ist ... und mir dann eine Freundin die Kernfrage gestellt hat: »Uta, könnte es sein, dass ...?« Da habe ich sie angeguckt wie ein Auto, dann ist der Groschen gefallen und ich habe nur gesagt: »Danke, das ist genau der Punkt.« Ich hatte am ganzen Körper Gänsehaut und hab mich total gefreut, weil in dem Moment ein Knoten geplatzt ist. Da wusste ich es einfach. Ich bin am nächsten Tag zurückgefahren und er war bei dem schönen Wetter in München unterwegs. Ich meinte dann am Telefon zu ihm: »Du, ich hab jetzt 700 Kilometer vor mir, was machst du denn heute?« Und wir haben uns abends zum Eisessen verabredet, weil es auf der Autobahn 45 Grad hatte oder so und ich nichts mehr wollte als ein Eis – und vor allen Dingen mit ihm. Wie er mir später erzählt hat, war's bei ihm so, dass er wusste, es würde mir irgendwann klar sein. Dass es wahrscheinlich noch Zeit braucht und er deshalb ganz entspannt gewartet hat. Für ihn war es einfach klar. Früher als für mich, aber er wusste auch, Druck zu machen, hätte gar nichts gebracht, weil die Frau ihren eigenen Kopf hat. Irgendwann wird sie's schon kapieren. Habe ich dann ja auch zum Glück!

Was, würdest du sagen, war das Besondere bei eurem Kennenlernen?

Ich würde sagen, das Besondere war, dass dieses positive Gefühl von Anfang an da war, aber nicht fokussiert auf eine Beziehung, sondern ich habe ihn als Menschen – natürlich auch als Mann – gesehen, von dem etwas ganz Besonderes ausgeht und wahrscheinlich beruhte das auf Gegenseitigkeit.

Hast du dich mal mit Onlinedating beschäftigt?

Ich hab vor vielen Jahren auch mal Onlinedating ausprobiert, um zu wissen, wovon alle reden und wie das so ist. Ich fand es für mich persönlich schrecklich und hatte auch das Gefühl, dass es ein bisschen demütigend ist. Ich kenne auch viele, die sich über Onlinedating kennengelernt haben, bei denen das wunderbar gelaufen ist. Bei mir persönlich war es total schräg und ich hatte immer das Gefühl, man sucht sich einen Partner aus, macht 'ne Checkliste, dann nimmt man sich einen aus dem Regal und wenn der nicht alles erfüllt, stellt man ihn zurück und nimmt sich den nächsten. Für mich persönlich war das kein schönes Gefühl, sich immer mit dem klaren Gedanken zu verabreden, ich gucke jetzt, ob das mein potenzieller Mann ist.

Das passt ja auch zu der Vorstellung, dass es in einer ganz alltäglichen Situation passieren wird und sich möglichst natürlich ergeben muss, weil du auch jemand bist, der sehr offen auf Menschen zugeht. Dass du deshalb viele Menschen kennenlernst und da immer jemand dabei sein kann, der einem etwas bedeutet – auf welche Art auch immer. Das andere wäre – für dich – erzwungen.
Ja, genau. Diese Onlinedating-Phase war zwar sehr lustig und auch interessant. Da habe ich Leute kennengelernt, die hätte ich sonst wahrscheinlich nicht getroffen. Das war auch sehr lehrreich für mich – aber auch, wenn später Freundinnen gesagt haben, guck doch mal im Internet, habe ich gesagt: »Nein, das ist einfach nicht mein Weg. Das ist vielleicht der Weg für einige, aber für mich persönlich weiß ich, dass sich das ergeben wird.« Mein Bauchgefühl ist da so stark und im Prinzip hat es auch immer recht. Wenn mein Kopf etwas anderes meint, dann kann der das meinen, aber mein Bauch weiß das schon. Deswegen war das mit der Supermarktkasse im Grunde auch das vom Kopf beeinflusste Bauchgefühl.

Hast du Tipps für Menschen, die einen Partner suchen?
Das hört sich vielleicht abgedroschen an, aber die Basis ist in meinen Augen die Selbstliebe. Dass ich mich selber mit allen Ecken, Kanten und Verrücktheiten liebe und akzeptiere und spüre, dass

ich so wie ich bin, ganz bin. Also, nicht vollkommen: Ich kann immer noch Fehler und Macken haben, aber dass ich nicht jemand anderen brauche, um vollständig zu sein. Es hat lange gedauert, bis ich das verstanden und gefühlt habe. Meine Hypothese ist, dass es oft zu Verletzungen oder zu Enttäuschung führen kann, wenn man sich unvollständig fühlt oder ständig jemanden braucht, der einen bewundert oder anerkennt. Es gibt da so einen Fachbegriff: »Beziehungssucht«, also nicht alleine sein zu können. Wenn ich aber immer im Außen jemanden suche, der mich komplettiert, dann bin ich von ihm abhängig und das übt natürlich auch viel Druck auf 'ne Partnerschaft aus. Von daher denke ich, wenn ich selber mit mir rund und fein bin, ist eine Beziehung ein Genuss und wunderschön, aber auch ganz viel Arbeit – an sich selber.

Das heißt, damit eine gute Beziehung entstehen kann, muss ich mich zuerst mit mir selber auseinandersetzen. Und später geht es eher darum, den anderen so sein lassen zu können, wie er ist, oder?

Ja, genau! Am Beispiel eines Konflikts fällt es mir am leichtesten, das zu erklären: Wenn ein Konflikt zwischen zwei Menschen da ist, gehören ja immer zwei dazu. Und dann zu sagen, »Okay, was ist jetzt mein Beitrag daran?«, »Was will ich eigentlich? Was ist denn grad wirklich mein Problem?« Das sind keine Fragen, die in einer Konfliktsituation einfach zu beantworten sind. Sich dann darüber klar zu werden und das dem anderen zur Verfügung zu stellen, also darüber zu sprechen – ich weiß, das ist sehr herausfordernd. Ich hab aber gemerkt, man kann das auch lernen. Man muss sich und den anderen also fragen, was denn wirklich dahinter steckt? Welche Bedürfnisse knallen gerade aufeinander, dass es zu diesem Konflikt kommt? Und wenn wir einen Schritt zurückgehen und darauf gucken: Was ist es denn, was wir gerade brauchen? Manchmal ist es auch einfach nur eine Umarmung, manchmal ist es nur, zusammen still zu sein. Manchmal ist es, zusammen Quatsch zu machen, zu lachen, zu entspannen. Das ist auch etwas, was Marco großartig kann, wenn ich gestresst bin oder es gerade schwer habe, dann bringt er Humor rein. Was am Anfang für mich schwierig war, weil ich aus Ostwestfalen komme und einen speziellen Humor habe – oder manche sagen, gar keinen ... Das ist auch ein Tipp: Dinge, wenn es irgendwie geht, mit Humor zu nehmen.

6. KAPITEL

KULTUR

59. IDEE

Oper und Theater, vor allem
auf den billigen Plätzen

Man freut sich, man ist gespannt, will sein Urteil bestätigt oder widerlegt sehen: Theateraufführungen und Opernvorstellungen sind wunderbares Terrain, um Gleichgesinnte kennenzulernen. Zudem berühren Musik, Gesang und Shakespeare unsere Gefühle, machen uns offener und empfänglicher. Wer würde sich nicht am liebsten schluchzend um den Hals fallen, wenn die arme Violetta in »La Traviata« stirbt, nachdem sie gerade ihren Geliebten wiedergefunden hat? Ein Blick in die Augen des anderen nach einer aufwühlenden Vorstellung genügt, um festzustellen, ob es ihr/ihm genauso ergangen ist wie einem selbst, und es ist leicht zu sagen: »Das war ja großartig!« – »Hat es Ihnen auch so gut gefallen?« – »Die Müller war ja wieder einsame Spitze!« Lächle dabei, und schon fließt das Gespräch – zudem du die Pause ja schon genutzt hast, um dem anderen einen Blick zuzuwerfen und ein Lächeln zu schenken, welches besagt: Sie sitzen doch neben mir, nicht wahr? Und zudem du nach der Pause dann auch weißt, wer allein oder nur mit Freunden hier ist.

Besonders gut eignen sich Steh- und Partiturplätze: Dass man nicht über das nötige Kleingeld verfügt, um sich Parkettplätze in der Oper zu kaufen, man aber dennoch ein wahrer Kulturenthusiast ist, der sich von nichts abhalten lässt, schweißt genauso zusammen wie fünf Stunden Parzival im Stehen. Oder hat man keine besseren Karten ergattert? Alles Gesprächsthemen, genau wie die Tatsache, dass Stehen einfach anstrengend ist, egal, wie ansprechend sich die Inszenierung gibt. Auch das Sich-an-den-schon-Sitzenden-Vorbei-drängeln ist eine schöne Gelegenheit zum Flirten. Man riecht sich, kommt sich nahe, schenkt sich gegenseitig sein schönstes Lächeln, am besten gepaart mit einer geistreichen Bemerkung. Oder das Gläschen Sekt vorneweg: Wer sich an einem Stehtisch platziert, offen in die Runde blickt und ein Lächeln erwidert, kann sich fast sicher sein, dass er bald eine Begleitung an seinem Tisch hat. Und nicht zuletzt – Schlange stehen für ein Autogramm: Wer jetzt nicht ins Gespräch kommt und über die Vorstellung plaudert, muss ein Stockfisch sein!

60. IDEE

Konzerte

Ach, Konzerte … Wer hat nicht wunderbare Erinnerungen daran, wie man als Jugendlicher auf dem ersten Konzert war? Von der bewunderten und geliebten Gruppe oder dem einzigartigen Sänger oder überhaupt der absoluten Traumfrau-Sängerin? Dass so viele Menschen zur selben Zeit am selben Ort zusammenfinden und die Musik, die dort gespielt wird, absolut lieben, deswegen ausflippen, weinen, tanzen, schafft eine unglaubliche Energie. Wenn die Performer dann loslegen und ihre absolut größten Hits spielen oder zu den Liebesballaden übergehen und ihr Feuerzeug beziehungsweise ihr Handy zücken, um das Ganze mit Lichtspiel zu untermalen, da bleibt doch kein Auge trocken, oder? Und wenn einem dabei der oder die Richtige ins Auge sticht, wenn ein erster Blickkontakt hergestellt ist, wenn schon in diesem Moment klar ist, was das gemeinsame Paarlied wird, dann, ja dann … Probiert es aus! Sichert euch ein Ticket für ein Konzert von einer Gruppe, die ihr liebt, oder macht es wie meine Bekannte Jessica, die zum Backstreet-Boys-Konzert ging, einfach nur, um in Jugenderinnerungen zu schwelgen, und die dort ihren Freund kennengelernt hat, der zwar nichts mit den Backstreet Boys anfangen konnte, dessen Teenager-Tochter aber ein großer Fan von ihnen ist -- die zweite Generation von Fans sozusagen. Und obwohl Brian Jessicas absoluter Schwarm ist, hat sie dann doch einen Blick zum Mann neben sich gewagt. Ich habe mir sagen lassen, dass manche Künstler wie DJ Bobo sogar die Konzertbesucher dazu auffordern, sich den Menschen, die neben ihnen stehen oder sitzen, vorzustellen; DJ Bobo – ein Mann fürs Analoge also.

61. IDEE

Kino: The Thrill of Love

Dem Kino werden seit jeher unmoralische Vorwürfe gemacht. Die Dunkelheit treibe den Zuschauer in seine psychologischen Abgründe: Träume, Sehnsüchte, ja sogar Begierden würden dort geschürt. Nicht zuletzt habe das Kino uns zu Voyeuren gemacht. An den Kinosessel gefesselt sitzen wir wie durch ein wundersames Schlüsselloch blickend vor der Leinwand. Und zu Zeiten, in denen

Zärtlichkeiten noch nicht in der Öffentlichkeit ausgetauscht werden durften – ganz einfach der Etikette wegen oder weil einem die von der Mutter mitgegebene Anstandsdame im Nacken saß –, war das Kino ein Zufluchtsort für die geheime Liebelei. Eine Eigenart, die sich das Kino bis heute bewahrt zu haben scheint, wenn etwa die zwei Zuschauer hinten in der letzten Reihe, die schwitzigen Hände aufeinanderlegen oder er und sie sich aufgeregt das Popcorn teilen. Es ist dunkel, nur die Leinwand leuchtet, man spürt das Koffein, hört ein Knistern, Strohhalme, Schmatzen, Schluchzen, Flüstern, aber man bleibt unbeobachtet, denn beobachtet wird ja der Film. Aber man darf sich nicht täuschen lassen. Aus dem Kino kommen die Träume und die Ängste. So behaglich die Dunkelheit sein mag, so unheimlich kann sie werden. Wohl eine der bekanntesten Szenen: Es ist Abend, die Sonne ist untergegangen, der Himmel ist klar, man sieht die Sterne, Grillen zirpen, Blätter rauschen, Bäume ziehen an einem vorbei, der Motor hält langsam an, das junge Paar macht an einem Waldstück halt, und beide lächeln sich an, bevor sie sich näherkommen. Minuten später werden sie von einer grausigen Gestalt verfolgt, ein Entkommen scheint aussichtslos – Szenen, die Gänsehaut bereiten. Währenddessen bewegen sich auch die bereits erwähnten Zuschauer im Kino: Sie flüchtet sich ängstlich in seine Arme, er starrt auf die Leinwand. Dann steht sie auf und geht, er nimmt noch eine Handvoll Popcorn, bevor er sich von dem Film losreißen kann, um ihr hinterherzugehen. »It's only a movie«, sagt er. »I wasn't that scared«, sagt sie. Den Weg nach Hause geht sie trotzdem nicht alleine.

Lesungen

Lesungen sind wie Konzerte, eben nur für Leseratten. Wenn man einen Autor oder eine Autorin dermaßen toll findet, dass man zu einer Lesung von ihm oder ihr geht, trägt man eine seiner Leidenschaften deutlich nach außen. Und das ist für die anderen ein wichtiger Hinweis. Denn wenn sie denselben Autor oder dieselbe Autorin lieben, haben beide eine große Gemeinsamkeit. Weil man bei Autoren und Autorinnen im Allgemeinen doch sehr zickig und wählerisch ist. Nicht jeder Leser passt zu jeder Leserin. Und umgekehrt. Aber wehe, wenn die Leidenschaft gleichzeitig auflodert! Großzügige Buchhandlungen veranstalten meistens noch einen kleinen Umtrunk nach der Lesung, und hier kann man nun wirklich leicht ins Gespräch kommen. Der berühmte Opernstar Juan Diego Flórez hat ja seine Frau beim Autogrammeschreiben kennengelernt. Sie wollte sich ein Autogramm holen, er hat sie zum Essen eingeladen. Also, holt euch mehr Autogramme und Widmungen in Büchern! Und seid mutig und entschlossen wie er! Und lasst auch die Autoren in den Lesungen nicht aus den Augen!

»Seid mehr offline als online unterwegs!«

Aimie-Sarah Carstensen, gründete die ArtNight und liebt den Großstadtdschungel.

Kannst du bitte kurz beschreiben, was eine ArtNight ist und wie das abläuft?

Bei einer ArtNight erschaffen die Teilnehmer unter Anleitung eines lokalen Künstlers in zwei Stunden ihr persönliches Kunstwerk für die eigenen vier Wände. Gemalt wird in lockerer und entspannter Atmosphäre mit Drinks und Musik in den angesagtesten Bars und Restaurants der Stadt.

Was genau wird gemalt? Braucht man Vorkenntnisse?

Von Frida Kahlo bis Banksy ist für jeden das passende Motiv dabei. Vorkenntnisse brauchen Teilnehmer nicht, und das ist auch das Besondere. Jeder kann teilnehmen, um neue Leute kennenzulernen oder einfach, um nach einem stressigen Tag abzuschalten und den Kopf frei zu bekommen.

Wie wichtig ist für dich das Thema online/offline?

Die Menschen sollen wieder offline zusammenkommen, etwas erleben, etwas ausprobieren. Wenn man ein gemeinsames Projekt hat, lernt man auch schnell neue Leute kennen und hat einen unterhaltsamen Abend. Vielleicht während man ein Bild zusammen malt. Dass man beim Malen nicht alleine ist, ist außergewöhnlich, und selbst wenn man eine Abendkursatmosphäre erwarten mag, fühlt man sich hier schnell wie im eigenen Wohnzimmer. Dazu kommt, dass man ein gemeinsames Motiv hat, sich also alle auf eins konzentrieren, dabei aber nicht nur Hilfe von einem geschulten Künstler bekommen, sondern auch neben sich jemanden sitzen haben, mit dem sie sich über etwas Gemeinsames austauschen können. Das kann aber auch bei dem perfekten Cocktail (ShakeNight) passieren. Oder während man Makramee, Terrarien und Blumenkränze macht (PlantNight).

Was ist anders, als wenn man Kunst für sich alleine daheim macht?
Zuhause ist man vor allem alleine vor der Leinwand. Bei der ArtNight sitzen sehr viele Menschen vor einer Leinwand nebeneinander. Während man kreativ ist, kommt man direkt mit seinem Sitznachbarn ins Gespräch, hat durch den Fortschritt mit dem eigenen Bild sofort etwas, worüber man sprechen kann und hat an einem unterhaltsamen und kreativen Abend die Möglichkeit, offene und unternehmungslustige Menschen in entspannter Atmosphäre kennenzulernen. Die ArtNight ist also eben nicht nur ein Malkurs, sondern vielmehr ein Erlebnis, das die Menschen im Großstadtdschungel wieder offline zusammenbringt.

Wie wichtig ist es, ob man malen kann?
Die ArtNight wird von einem Künstler geleitet, der viele Tipps und Tricks auf Lager hat, diese Hilfestellung hat man zu Haus natürlich nicht. Oft sind unsere Teilnehmer verwundert, wie gut sie eigentlich malen können. Und genau das möchten wir auch erreichen: Jeder kann malen – man muss sich nur trauen und den ersten Strich auf die leere Leinwand setzen.

Kann man einen Partner beziehungsweise eine Partnerin auf einer ArtNight kennenlernen?
Ja, na klar! Und das ist tatsächlich auch schon öfter vorgekommen.

So hat beispielsweise eine ArtNight-Künstlerin ihren Freund auf einer ArtNight kennengelernt. Und selbst einen romantischen Heiratsantrag haben wir schon erlebt. Am Ende der ArtNight haben alle dem zukünftigen Brautpaar gratuliert – es war wirklich ein ganz besonderer Moment!

Außerdem ist die ArtNight auch ein Geheimtipp für alle Männer, die ihre Verabredungen zu einem ganz besonderen Date ausführen wollen. Ein kreativer Abend, bei dem man direkt mit einem Kunstwerk als gemeinsame Erinnerung nach Hause geht, ist doch viel spannender und lockerer als ein einfallsloser Abend im Restaurant. Und mit diesem Vorschlag für ein Date ist die Verabredung mit Sicherheit schon einmal überrascht – was kann es Besseres geben?

Lebst du in einer Partnerschaft und wenn, verrätst du uns, wie du deinen Partner/deine Partnerin kennengelernt hast?
Ich hatte sehr lange eine Beziehung und lebe aktuell nicht in einer Partnerschaft. Wer schon einmal in einem Start-up gearbeitet hat, der weiß: Es gibt immer etwas zu tun. Ich liebe meine Arbeit und versuche, neue Ideen schnellstmöglich umzusetzen, ich bin eine absolute Macherin! Aber ich weiß auch, wie ich entspannen kann: Morgens jogge ich gerne vor der Arbeit, um voller Energie in den Tag zu starten, abends und am Wochenende unternehme oft etwas mit Freunden.

Ist denn nicht auch unser hektisches Leben in der Großstadt, das inzwischen bestimmt ist von Instagram und Co., dafür verantwortlich, dass es doch so viele Menschen gibt, die Möglichkeiten suchen, wieder offline zusammenzukommen?
Ich persönlich liebe die Großstadt, und ich denke, dass es vielen so geht. Ich fühle mich super wohl in Berlin. Gleichzeitig ist es oft sehr schwer, neue Leute in entspannter Atmosphäre kennenzulernen. Großbritannien hat sogar ein Ministerium für Einsamkeit. In

Deutschland sind wir noch nicht so weit, obwohl wir durch Urbanisierung und Digitalisierung vor einer großen Herausforderung stehen. Bei einer ArtNight kann man sich von der Hektik des alltäglichen Lebens losreißen, zur Ruhe kommen, sich selbst entspannen. Gleichzeitig kommt man immer ins Gespräch mit anderen Teilnehmern, und manchmal ergeben sich daraus sogar noch weitere Verabredungen.

Hast du einen Tipp für Menschen, die auf Partnersuche sind?
Seid mehr offline als online unterwegs! Oft verbringen wir viel Zeit auf Social Media oder mit Dating-Apps, um den perfekten Partner zu finden. Dabei verpassen wir vielleicht ein nettes Gespräch in der U-Bahn mit unserem Sitznachbarn oder einem tollen Menschen in der Supermarktschlange. Und falls ihr jemanden entdeckt, der euch gefällt: Traut euch!

7. KAPITEL

SINGLES MIT KINDERN

63. IDEE

Kindergarten, Spielplatz und Schule, Hobbys der Kinder

Hat eigentlich schon mal jemand zusammengerechnet, wie viele Stunden Mütter und Väter auf Spielplätzen verbringen? Unfassbar viele, würde ich annehmen. Das Problem ist bekannt: Man wohnt in der Stadt und hat keinen Garten, aber den lieben Kleinen ist nach sozialem Kontakt, und sie wollen mit Kindern spielen. Schon findet man sich auf dem Spielplatz wieder. Nach anfänglichen Kontaktschwierigkeiten der Kinder, sind diese bald im tiefsten Spiel versunken, und nur ab und zu muss man Streithähne auseinanderbringen (Der Streit um Sandförmchen und Bagger kann ein sehr verheerender sein), eine Ladung Sand aus den Haaren entfernen oder Trost spenden, wenn es eine kleine Schürfwunde gab, weil jemand vom Klettergerüst gefallen ist. Ansonsten bleibt den Eltern nicht mehr viel zu tun. Zeitunglesen vielleicht. Aber sonst? Das ist genau der richtige Moment, um zu sehen, ob sich nicht irgendwo ein Objekt der Partnerschaftssuchbegierde findet. Vielleicht funktioniert es ja auch, wenn ihr diesem Objekt dann eine Sandschaufel auf den Kopf haut. So zumindest zeigen ja manchmal die kleinen Kinder ihre Zuneigung.

Ein alternatives Jagdrevier ist natürlich die Schule, wo man ebenfalls alleinerziehende Eltern trifft, zum Beispiel auf Elternabenden, bei Elterntreffen etc. sowie bei Schulfesten und den Freizeitaktivitäten der Kinder. Wenn man schon den Sohn zum Fußball und die Tochter zum Volleyball bringt und zu endlosen Wettbewerben am Wochenende fährt, dann sollte man doch auch hier die Chance nutzen, sich umzusehen, ob nicht irgendwo der Traumpartner steckt, der sich noch dazu in derselben Situation befindet wie man selbst. Und ist er erst einmal gefunden, könnten die ganzen Verpflichtungen, die Kinder so mit sich bringen, doch durchaus viel Spaß machen, oder?

64. IDEE

Inspiration:
Ein Date beim Kinderarzt

Ich weiß, die Zeit von Single-Eltern ist knapp bemessen, aber vielleicht kommt man doch das ein oder andere Mal dazu, Serien zu gucken. Ganz konkret denke ich gerade an *Friends*. Einer der Hauptcharaktere, Ross, ist von der ersten Staffel an Single-Vater – seine Frau verlässt ihn, weil sie entdeckt, dass sie lesbisch ist. Im Laufe der Serie wird auch die Figur Rachel Mutter; der Vater des Kindes ist übrigens ebenjener Ross, allerdings leben die beiden getrennt – also gleich zwei Single-Eltern! Auch wenn Serien den Alltag natürlich manchmal etwas überzogen darstellen, kann man trotzdem bestimmte Dinge herausfiltern. So zum Beispiel, wie und wo Single-Eltern neue Partner kennenlernen. Das Großartige daran ist ja, dass die Handlung zwangsläufig voranschreiten muss, also irgendwann neue Optionen ins Spiel kommen müssen. So findet auch Ross in *Friends* immer wieder neue Partnerinnen, sei es in der Arbeit, im Freundeskreis (Rachel), im Café. Oder er spricht eine Frau beim Kinderarzt an. Beide warten auf ihren Termin, als Ross mitbekommt, dass die Tochter der Frau gegenüber im Wimmelbuch *Where is Waldo* Waldo nicht findet. Ross, der schon des Öfteren in diesem Wartezimmer saß, gibt rasch Hilfestellung. Schnell entwickelt sich ein kleines Gespräch, es wird austariert, dass beide Single und zu haben sind. Die Sprechstundenhilfe kommt aus dem Zimmer und ruft Ross hinein. Ross? Wirklich, den Vater? Ja, denn Ross ist ohne sein Kind zum Kinderarzt gekommen. Denn er hat selbst einen Termin! Seit er ein Kind war, bleibt er nämlich seinem Lieblingsarzt treu – und besucht diesen noch heute. Er versucht noch, die peinliche Situation zu überspielen, und tut so, als ob ein fremdes Kind Ross wäre. Allerdings wird das Fettnäpfchen, in das er tritt, nur noch größer! Es stellt sich nämlich heraus, dass es sich dabei um das zweite Kind der Single-Frau handelt! Mit rotem Kopf zieht Ross sich nun in das Sprechzimmer zurück. Nun ja, fremde Kinder als das eigene auszugeben, ist nicht das, was man sich aus dieser Episode mitnehmen sollte. Aber beim Warten im Wartezimmer des Kinderarztes könnte man sich durchaus einmal nach Single-Eltern umschauen. Und ansonsten: Weiter inspirieren lassen!

Ikea

Ich weiß, viele, insbesondere viele Singles finden Ikea fürchterlich: Paare, die sich ihre erste gemeinsame Küche aussuchen, junge Familien im Babyglück – so etwas tut man sich nicht freiwillig an. Auch nicht, wenn die eigenen Kinder mitmüssen, total genervt sind, weil sie noch einen zweiten Hotdog oder jedenfalls eine Zimtschnecke wollen und mit der Quengelei die ganze traute »Wohnzimmer-Area« in Grund und Boden schreien. Aber man muss auch die andere Seite sehen, denn auch Menschen, deren trautes Heim in die Brüche gegangen ist, Menschen, die mit der gemeinsamen Küche nicht glücklich geworden sind, deren Baby nicht zum Glück geführt hat, gehen zu Ikea. Das klingt etwas makaber? Nun ja, oder pragmatisch! Und außerdem sind Menschen bei Ikea, die neu in eine Stadt gekommen sind und nicht nur auf der Suche nach dem passenden Sofa für die neue Wohnung, sondern im Zweifel auch auf der Suche nach dem passenden Partner dafür sind. Oder auch andere Single-Eltern. Also, auf zu Ikea! Ein Punkt, der außerdem dafür spricht: Man kann sofort abchecken, ob einem der Einrichtungsgeschmack des Zukünftigen in den Kram passt. Und wisst ihr, was mir auf der Suche nach der Liebe bei Ikea wie nebenbei passiert ist? Ich habe mich in ein Sofa verliebt!

»Echte Treffen mit echten Menschen«

Veronika Link arbeitet seit fünf Jahren bei den »Münchner Singles« und liebt die Herausforderung.

Kannst du bitte beschreiben, was die Münchner Singles sind?

Ja, sehr gerne. Die Münchner Singles (oder auch MüSis, wie sich die Mitglieder selbst liebevoll nennen) sind eine Single-Community, in der sich Singles aus München zu gemeinsamen Aktivitäten wie Wandern, Essengehen, Bowling, Partys, Biergarten etc. verabreden, aber auch ganz klassisch daten und im Forum oder den Gruppen über Themen plaudern, die ihnen am Herzen liegen. Die Münchner Singles sind also nicht nur eine Dating-Plattform, sondern auch eine Freizeit-Community für Singles. Jeder kann Events vorschlagen, beispielsweise auch eigene Veranstaltungen für Singles mit Kindern.

Was ist das Besondere an den Münchner Singles?

Das sind die eben angesprochenen Events, bei denen man im echten Leben ganz entspannt neue Leute mit ähnlichen Interessen kennenlernen und zusammen tolle Sachen unternehmen kann. Da ist eigentlich für jeden etwas dabei – zum Beispiel ins Kino gehen, auf Konzerte, gemeinsam Sport machen, brunchen, picknicken oder irgendwas, auf das man schon lange Lust hat, was man aber nicht allein machen will. Da kommt es schon immer wieder vor, dass sich zwei sympathisch sind und sich noch mal zu zweit verabreden …

Wieso gerade analog UND digital, wenn doch Tinder und alle anderen so großen Zuwachs haben?

Ich glaube, dass sich die Menschen gerade in Zeiten von Fake-Profilen und Tinder & Co. echte Treffen mit echten Menschen wünschen, bei denen sie auch mal neue Sachen ausprobieren, neue Leute kennenlernen und den Moment genießen können.

Wie hat alles angefangen?

Mit einem Stadtportal für München. Die Rubrik »Kontaktanzeigen« – so wie die, die man sich gerne spaßeshalber in der Zeitung durchliest – waren am gefragtesten. Sie waren so beliebt, dass daraus die Münchner Singles entstanden sind: Man holt sich die App, legt ein Profil an und findet nicht nur andere Singles, sondern auch Menschen, mit denen man etwas Neues erleben darf.

Gibt es auch in anderen Städten eine solche Singlebörse?

Inzwischen gibt es diese Möglichkeit auch in anderen großen Städten wie Berlin, Hamburg, Stuttgart, Köln, Nürnberg, Dresden und Frankfurt und Wien, um noch mehr Menschen zu verbinden und zu verlieben.

Lebst du in einer Partnerschaft, und wenn, verrätst du uns, wie du deinen Partner/deine Partnerin kennengelernt hast?

Ich habe meinen Mann tatsächlich bei den Münchner Singles kennengelernt, um genau zu sein auf einer Beach Party. Daher kann ich jedem, der keine Lust mehr auf Onlinedating hat, ans Herz legen, die Events einmal auszuprobieren!

Hast du einen Tipp für Menschen, die auf Partnersuche sind?
Ich bin jetzt seit über vier Jahren bei den Münchner Singles und kann anderen nur empfehlen, die Partnersuche als Spiel zu sehen, das Spaß macht. Sich auf Events verabreden, neue Aktivitäten ausprobieren (auch wenn es manchmal etwas Mut erfordert), offen sein, sich auch mal mit jemandem treffen, der nicht ins »Beuteschema« passt, und es genießen, neue Leute kennenzulernen.

8. KAPITEL

SCHRÄGES

66. IDEE

Zettel aufhängen, weil man den Traumpartner verpasst hat

Und da ist ja nun dieser Moment. Man sieht den absoluten Traumtypen/die absolute Traumfrau im Bus. Oder in der Straßenbahn. Oder in der S-Bahn.

Er beziehungsweise sie sieht umwerfend aus. Er trägt die richtigen Klamotten und den richtigen Haarschnitt. Sie starrt nicht die ganze Zeit in ihr Handy, sondern liest ein Buch! Er schaut zwar auf sein Handy, aber er swipt ganz sicher nicht bei Tinder, sondern er liest online eine Tageszeitung. Man hört durch die Kopfhörer, dass sie der richtigen Musik lauscht. Man tauscht Blicke aus. Man steht sogar nebeneinander und stellt fest, dass sie gut riecht. Und dass er einen sehr muskulösen Körper hat. Ein schüchternes Lächeln wird gewechselt. Dann will sie aussteigen, man rückt sogar höflich zur Seite, sie geht vorbei, die Türen schließen sich und sie ist weg.

Panik bricht aus! Was, wenn das nun wirklich die Traumfrau gewesen wäre? Der Traummann! Wenn man ihn nun in ganz Berlin, Frankfurt, Hamburg, München NIE mehr wieder treffen wird? Wenn das der einzige Moment war, den das Schicksal gestrickt hat, um dich mit deinem Seelenpartner zusammenzubringen? Und dieser Moment ist nun verpasst! Oh Gott ... Niedergeschlagenheit macht sich breit. Diese verdammte Schüchternheit! Warum gehört man nicht zu diesen Typen, die immer einen lockeren Spruch auf den Lippen haben und solche Situationen sofort in einen Megaflirt ausufern lassen? Warum habe ich nichts gesagt? Selbst etwas Dämliches wäre besser gewesen als nichts! Es hat ja alles keinen Sinn ...

Nein! Halt! Stopp! Es gibt da noch eine Möglichkeit! Schreibt in eurer schönsten Schönschrift einen hübsch gestalteten Zettel, auf dem ihr diese Begegnung schildert. Was euch besonders gut an ihm oder ihr gefallen hat. Dass euch der Gedanke umtreibt, das Schicksal habe euch diesen einen Moment zugespielt, ihr ihn versäumt hättet und dass ihr das nun wiedergutmachen wollt. Telefonnummer nicht vergessen. Dann geht in den nächsten Copyshop, vervielfältigt diesen Zettel und hängt ihn genau an der Haltestelle aus, an der er oder sie ein- und/oder ausgestiegen ist. So viele Zettel wie möglich. Und ihr werdet sehen, das hat öfter Erfolg, als man denkt. Solche Anzeigen kann man natürlich auch in Zeitungen schalten, oder manche Radiosender sagen so etwas durch. Zieht alle Register, nutzt alle Möglichkeiten!

Poledance und Stricken:
Vom Vordringen in fremde Territorien

Meldet euch doch mal zu einer Tätigkeit an, die in 95 Prozent der Fälle vom anderen Geschlecht ausgeübt wird. Für die Männer: Wie wäre es mit Handarbeit? Stricken, sticken und nähen kann doch eigentlich nie schaden, oder? Und die Damen? Wie wäre es mit Schwerter schweißen? Ein Freund von mir hat seine Freundin beim Poledance kennengelernt. Er war jahrelang der Hahn im Korb, und nach und nach hat sich dann zwischen ihm und einer anderen Teilnehmerin mehr entwickelt. Er fand, dass Poledance ein ideales Ausgleichstraining zu Kung-Fu ist. Ob das stimmt, kann ich nicht beurteilen, aber dass die beiden ein glückliches Paar sind, sehr wohl. Ich weiß, dass man dazu wirklich seine Komfortzone verlassen muss, aber es lohnt sich bestimmt.

Nachbarn und
Nachbarschaftshilfe

Ja, die lieben Nachbarn. Natürlich können die nerven. Die beschweren sich, wenn man mal etwas lauter die Musik aufdreht, wenn man eine Party feiert, wenn man Zettel im Haus aufhängt, weil man seinen Schlüssel verloren hat. Aber sie können auch der Schlüssel zum Glück sein. Es gibt tatsächlich Menschen, die mit ihren Nachbarn zusammengekommen sind. Ich hatte mal ein Tinder Date, das seine große Liebe in der Warteschlange für eine Wohnungsbesichtigung kennengelernt hat. Und dann sind sie gleich in die betreffende Wohnung zusammen eingezogen. Später haben sie sich leider wieder getrennt. Aber einen Versuch war's wert. Der Chef meiner Mutter hat seine Frau beim Notar kennengelernt, als jeder von ihnen die Hälfte eines Doppelhauses gekauft hat. Dieses Haus wurde zusammen gekauft und dann wurden Durchbrüche gemacht, damit man das Haus als eines nutzen konnte. Außerdem geben auch die Nachbarn Partys, haben Freunde und Verwandte, die man vielleicht unbedingt kennenlernen sollte. Und wenn man ein gutes Verhältnis zu seinen Nachbarn hat, kann man im Sommer wunderbare Nachbarschaftspartys feiern, sei's im Hinterhof oder auf dem Land im Garten. Und man möchte sich ja vielleicht sowieso mal ein Ei leihen. Oder ein Pfund Mehl. Es gibt also genug Gründe, sich mit seinen Nachbarn zu befreunden. Gut ist auch, wenn man diese Kreise gleich auf jenseits des eigenen Wohnhauses und der direkten Nachbarschaft ausweitet. Wie wäre es mal mit Nachbarschaftshilfe? Ein idealer Weg, um neue Leute zu treffen, Gutes zu tun und den Konsum einzudämmen. Denn das ist ja wirklich nicht schlecht, sich eine Bohrmaschine zu leihen, wenn man die nur einmal in drei Jahren benötigt. Und es ist erwiesen, dass die allermeisten Menschen auch heute noch jemanden zum Partner nehmen, der in ihrer unmittelbaren Umgebung lebt. Also, ran an die Nachbarn!

69. IDEE

Die Beerdigung

»Eine Frau trifft auf der Beerdigung ihrer Schwester die Liebe ihres Lebens. Sie kommen zusammen – aber von einem Tag auf den anderen verlässt er sie und ist unauffindbar. Weshalb bringt sie daraufhin ihren Bruder um?«

Dieses kleine Rätsel ist ein Test, um herauszufinden, ob ihr eine psychopathische Veranlagung habt. Die »korrekte« Antwort lautet nämlich: Da die Dame ihren Liebsten bei der Beerdigung eines Familienmitglieds, nämlich ihrer Schwester, kennengelernt hat, hofft sie auf die nächste Beerdigung eines Familienmitglieds. Um dem Schicksal auf die Sprünge zu helfen, ergreift sie kurzerhand die Initiative.

Ich hoffe natürlich für euch und eure Familienmitglieder, dass ihr nicht sofort auf die Lösung des Rätsels gestoßen seid. Aber in gewisser Weise kann dieser Test ein kleiner Ansporn sein: Denkt um die Ecke, ergreift Initiative, seid leidenschaftlich, seid verrückt! Aber, bei aller Liebe, bitte gefährdet dennoch niemanden, und schließt selbst Friedhöfe nicht bei der Suche nach dem Lebenspartner aus.

Das ist ja hier mit »schräg« übertitelt, deswegen können wir ruhig auch wirklich schräge Tipps aufzählen, oder? Die Beerdigung ... Natürlich werdet ihr euch jetzt nicht auf einer Beerdigung nach einem Partner umschauen, wenn einer eurer nächsten Angehörigen gestorben ist. Aber es gibt ja auch Beerdigungen, zu denen man gehen muss, weil man mit dem Verstorbenen entfernt verwandt war oder beruflich verknüpft. Dann ist eine Beerdigung durchaus ein Ort, um mit Leuten ins Gespräch zu kommen. Denn eine Beerdigung ist immer total deprimierend und traurig, auch wenn man den Verstorbenen gar nicht so gut gekannt hat. Aber man wird an sein eigenes Ende erinnert, daran, dass alles nicht endlos so weitergeht und man das Beste daraus machen sollte. Ich schwöre euch, jeder, wirklich jeder denkt diese Gedanken. Und wenn man danach einen reizenden Mann oder eine reizende Frau trifft, liegt doch die Idee nahe, dass man jetzt sofort anfangen könnte zu leben, oder?

Außerdem macht es Spaß, sozusagen ins Leben zurückzukehren, vielleicht eine Tasse Kaffee zu trinken, ein Stück Kuchen zu essen und sich gegenseitig zu versichern, dass zwar alles unfassbar traurig und tragisch ist, aber man selbst eben noch unter den Lebenden weilt.

Und es ist sicher kein Zufall, dass sich Menschen oft auf Friedhöfen kennenlernen. Denn auch hier wird man an das Lebensende erinnert, und das bringt Schwung ins Jetzt. Menschen, deren Partner verstorben ist, besuchen sein Grab, und weil alles so traurig ist, wechselt man noch lieber als sonst ein paar Worte mit seinen Mitmenschen. Also, falls ihr sowieso ab und zu auf einem Friedhof seid, seht euch um. Auch wenn ihr nur ein freundliches Wort an jemanden richtet und einen kleinen Lichtstrahl in sein Leben bringt, ist das ja auch schon etwas wert. Und wer weiß, ob sich nicht jemand findet, der der Meinung ist, dass genug getrauert wurde ...

70. IDEE

Casino

Werft euch ins bodenlange Abendkleid und in den Smoking, legt die Juwelen an, tragt High Heels und Lackschuhe: Wir gehen ins Casino! Nein, nicht in eine Spielhölle, sondern in ein wirklich schickes Casino. Einerseits, um mal zu sehen, was die Reichen und Schönen so treiben, andererseits, wer weiß, vielleicht findet sich ein sehr reicher, alleinstehender Mensch, der auf der Suche nach der Liebe seines Lebens ist? Glück im Spiel, Pech in der Liebe und umgekehrt, wer also im Spiel verliert, ist vielleicht umso offener für die Liebe. Aber natürlich ist klar, dass man nur eine kleine Summe Geld mitnimmt und über diese hinaus auch nichts verspielt. Es geht ja um den Spaß, um das Event und vor allen Dingen darum, Leute kennenzulernen. Schaut euch um, ihr werdet schnell feststellen, wer die notorischen Spieler sind, wer zum ersten Mal da ist, wer ein Tourist ist, wer einfach ab und zu hierherkommt und mit wem es sich zu flirten lohnt. Auf jeden Fall kann man sich einen interessanten Abend in schniekem Ambiente machen. Das Warten auf die richtige Farbe, die richtige Zahl beim Roulette oder auf die richtige Karte und das Mitfiebern mit jemandem, der einen hohen Einsatz getätigt hat, macht Spaß und bringt die Leute in Austausch. Natürlich kann man auch mit einem Augenzwinkern charmant darum bitten, dass einem jemand eine gute Zahl empfiehlt, sich ein Spiel erklären lassen oder erzählen, dass man zum ersten Mal hier ist und über Einsteiger-Tipps dankbar wäre. Sollte der Abend von Erfolg gekrönt sein, freut man sich gemeinsam – sollte alles Geld weg sein, kann man sich ja immer noch gegenseitig trösten. Faites vos jeux!

71. IDEE

Poetry-Slam: »Sei nie du selbst, denn niemand ist so gut wie eine Lüge!«

Poetry-Slams sind in und finden plötzlich überall statt. Aber sie machen auch wirklich richtig viel Spaß! Und wenn ihr Glück habt, trägt vielleicht jemand einen Text über die Kunst des Flirtens vor, wie der wunderbare Till Reiners zum Beispiel: https://youtu.be/mTKky7DXftE.

Und mehr möchte ich dazu gar nicht sagen. Wer noch nie da war, hingehen! Wer schon da war, der weiß, wie toll die Atmosphäre ist und wie viele Menschen unterschiedlichster Couleur und unterschiedlichsten Alters man dort trifft! Einzigartig!!!

Zimmer vermieten

Wer Platz hat und ein Gästezimmer sein Eigen nennt, sollte nicht versäumen, dieses doch zumindest ab und zu mal anderen Menschen zur Verfügung zu stellen. Am besten Reisenden. Man kann das über die bekannte große böse Organisation tun oder auch auf privaterem Wege. Wichtig ist: Dann kommen dauernd neue, interessierte, aufgeschlossene Menschen in deine eigene Wohnung oder dein eigenes Haus. Und von da an ist es nur noch ein kurzer Schritt, bis man sich abends bei einem Glas Wein in der Küche zusammensetzt, weil man den Gästen ja sowieso die Stadt und die Umgebung erklären muss und die besten Tipps geben sollte. Das ist quasi wie Essen auf Rädern: Man muss wenig tun, verdient auch noch Geld, und die Menschen kommen von alleine. Natürlich kann das auch mal schiefgehen, sein Zimmer an zwei gewisse australische Studenten während des Oktoberfests zu vermieten, und nicht daheim zu sein, ist ganz sicher keine gute Idee, aber im Normalfall macht das wirklich Spaß und bringt Kontakte in alle Welt und Adressen von Leuten, die man im Austausch auch selbst mal besuchen kann.

Helfen/Charity

Wenig ist sexyer als Leute, die Gutes tun, sich sozial engagieren und ihren Mitmenschen helfen. Man selbst fühlt sich dann wirklich gut, und das Gefühl, etwas Sinnvolles mit seiner Freizeit anzufangen, ist ganz sicher nicht zu unterschätzen. Es gibt so viele Menschen, die Hilfe brauchen, auch hier mitten unter uns: Alleinerziehende, ältere Menschen und Senioren, Familien, Geflüchtete, Frauen, Kinder und Jugendliche, Menschen, die chronisch krank sind, Menschen, die arbeitslos sind, Menschen, die arm sind, Menschen, die obdachlos sind, Menschen, die eine Behinderung haben, Menschen mit psychischen Erkrankungen, Migranten und Migrantinnen, pflegebedürftige Menschen, von Sucht betroffene Menschen. Und die brauchen Beratung, Begleitdienste, Betreuungsdienste, Hausaufgabenhilfe, Nachhilfe, Hilfe bei Bürotätigkeiten. Sie sollten mit künstlerischen und kreativen Angeboten versorgt werden, Vereine brauchen jemanden, der bei der Öffentlichkeitsarbeit hilft, bei der Organisation und Planung von Projekten; es werden Menschen gesucht, die sportlich aktiv sind, die bei Tierprojekten helfen und so weiter und so fort. Darüber hinaus kann man sich natürlich weltweit sozial engagieren. Und ich muss es wohl nicht noch betonen: Dabei findet ihr vielleicht jemanden, dem nicht nur seine Mitmenschen am Herzen liegen …

74. IDEE

Esprit

Neulich war ich in der Oper. »Les vêpres siciliennes«. Es war grauenvoll. Nicht so sehr die Inszenierung, obwohl es einem schon aufs Gemüt schlagen kann, drei Stunden lang Totenköpfen zuzusehen (und in dieser Inszenierung an der Bayerischen Staatsoper war es so!). Die Oper ist wirklich deprimierend (alle Charaktere sind so unheimlich halsstarrig und verbohrt, beschwören ihr Unglück sehenden Auges herauf und sterben schließlich allesamt!). Oder ich war einfach nicht gut drauf. Jedenfalls war ich am Anfang noch bester Laune, aber im Laufe des Abends änderte sich das. Ich beschloss, ein Glas Wein bei Brenner zu trinken und dazu die besten »Penne al Pomodoro« der Stadt zu essen. Und als ich eine

Stunde später gestärkt und in weitaus besserer Laune das Lokal verließ, sprach mich ein freundlicher junger Mann an, ob ich »bei Liebe« gewesen wäre. Ich musste kurz darüber nachdenken, wie er das meinte. Da fiel mir ein, dass auf dem Programmheft auf einer Seite groß LIEBE stand, auf der anderen aber AGONIE. Und dass ich das Programmheft gut sichtbar in der Hand hielt. Ich antwortete also, dass ich wohl eher bei Agonie gewesen sei. Er freute sich sehr über meine Antwort, offensichtlich hatte er das Drama auch als Agonie empfunden. Wir lachten sehr herzlich miteinander und tranken ein zweites Glas Wein zusammen.

Was ich damit sagen will? Zeigt Esprit, Witz und Geist, wann immer es geht. Keine falsche Bescheidenheit, keine Schüchternheit bitte. Die Menschen stehen auf Geist. Viele fordern den Geist heraus. Das macht Vergnügen und ist die höchste Kunst beim Flirten. Versucht es einfach mal.

Ein Filmtipp zu Esprit: *Ridicule – Von der Lächerlichkeit des Scheins* ist ein französischer Historienfilm – zu Recht preisgekrönt – aus dem Jahr 1996 von Patrice Leconte mit Fanny Ardant. Er handelt vom dekadenten Leben am spätabsolutistischen Hof des französischen Königs Ludwig XVI. und vor allem vom Zwang bei Hofe, geistreich zu sein. Es muss ja nicht gleich zur Pflicht werden, aber ein bisschen Esprit im Leben kann nicht schaden, oder?

75. IDEE

Auffallen um jeden Preis: Katzen und Schildkröten spazieren führen

Die Exzentriker unter uns, also diejenigen, denen es wirklich egal ist, was andere Menschen über sie sagen oder denken, die sich etwas trauen und die gerne entgegen allen Konventionen leben, sollten diese Eigenschaft auch bei der Partnersuche nutzen. Denn

erstens: Warum sollte man das unter den Teppich kehren? Irgendwann wird der zukünftige Partner doch merken, dass man gerne
mit seiner Schildkröte spazieren geht. Und zweitens hat man sich
auf jeden Fall dann schon mal von der Masse abgehoben und wird
sichtbar, man fällt auf und sticht vielleicht so dem zukünftigen
Lebenspartner ins Auge. Man muss ja nicht gleich wie die berühmten englischen Exzentriker des 19. Jahrhunderts leben, wie
zum Beispiel Matthew, der als menschliches Amphibium lebte
und sich entweder in seinem Schwimmbad oder im Meer aufhielt,
oder der englische Naturforscher Charles Waterton, der Gäste stets
wie ein Hund unterm Tisch erwartete und sie dann kräftig in die
Waden biss. Aber wer sich gerne schrill kleidet, Cross Dressing
macht, oftmals als Pferd verkleidet unterwegs ist oder zwölf weiße
Pudel besitzt, der sollte sich genau damit ins Getümmel stürzen.
Finde ein Gegenüber, das sich nicht nur genau an diesen Eigen-
schaften erfreut, sondern sie auch zu schätzen weiß – und vielleicht
genauso verrückt ist wie du selbst!

76. IDEE

Auf den Zug aufspringen:
Date-Crushing

Unverständlicherweise herrschen beim Dating Zustände wie
vor der industriellen Revolution: Arbeitsabläufe werden nicht
aufgeteilt und damit erleichtert, sondern jeder und jede muss
immer wieder von vorne anfangen. Jedes neue Date ist praktisch
Handarbeit: Wer ist überhaupt zu haben, wie komme ich an seine
Handynummer? Jedes Mal wieder das altbekannte Spiel. In unserer
Gesellschaft mit ihrem Optimierungswahn sollten diese Strukturen aber auch bezüglich des Datings aufgebrochen werden. Denn
wäre es nicht viel leichter, könnte man die »Vorarbeit« von anderen

nutzen und praktisch auf den fahrenden Zug aufspringen? Ein kleines Beispiel: Scannt beim nächsten Cafébesuch die Pärchen genau ab. Ist eines dabei, das sich vermutlich beim ersten Date befindet, achtet darauf, wie es vorangeht. Das Gespräch läuft stockend, die Hände nähern sich am Tisch nicht an? Dann ist genau das eure Chance: Er ist offensichtlich auf der Suche und bereit, sich auf ein Date einzulassen, scheinbar ist sein gegenüber aber nicht die Richtige. Ihre Kollegin hat also die nötige »Vorarbeit« geleistet. Nun läuft es aber bei ihr nicht wie geplant. Idealerweise gibt sie den »Fund« aus eigenen Stücken frei, gegebenenfalls müsst ihr etwas nachhelfen. Ebenso kann man in einem früheren Stadium aufspringen, beispielsweise, wenn man mitbekommt, wie Handynummern getauscht werden. Auch etwas später ist noch immer Zeit einzusteigen. Voraussetzung ist selbstverständlich, dass auch ihr euch so kollegial verhaltet und die erarbeiteten Informationen an andere Suchende weitergebt, wenn ihr nichts weiter damit anfangen könnt. Ist jeder bereit für diese Arbeitsteilung, sind kurzerhand alle entspannter, weil ein großer Zeit- und Energieaufwand wegfällt – und früher oder später haben alle den Deckel zum Topf gefunden.

77. IDEE

Demos

Ha! Die Politik! Die bringt ja dann doch viele Leute auseinander oder zumindest in Streit. Warum also nicht gleich klären, welchem politischen Ideal man nahesteht? Und somit auch mal wieder zwei Fliegen mit einer Klappe schlagen. Denn man geht auf eine Demonstration, verleiht seiner politischen Idee Ausdruck, unterstützt Dinge, die einem wirklich wichtig sind, und lernt vielleicht mitten im Getümmel den passenden Partner kennen. Jedenfalls weiß man dann, dass man wenigstens bei dieser Sache an einem Strang zieht. Außerdem dauern Demonstrationen lange. Oder man geht gleich zu einem Sit-in, das dauert dann noch länger, und dabei kommt man unweigerlich mit den anderen Demonstranten in Kontakt, denn man muss sich ja darüber austauschen, zu was das eigentlich alles führen soll und was schiefläuft in der Bundesrepublik, auf der Welt und überhaupt. Nichts verbindet so sehr, wie gemeinsam vor den Wasserstrahlern der Polizei zu fliehen. Nein, im Ernst, es muss ja nicht gleich so wild sein, aber mehr politisches Engagement kann doch wirklich nicht schaden, oder? Und später habt ihr vielleicht nicht nur das Atomkraftwerk abgeschafft oder den Walen geholfen, sondern ihr seid auch noch zu eurem persönlichen Liebesglück gekommen.

78. IDEE

Zu viele Visitenkarten

Wem geht es eigentlich nicht so, dass er immer zu viele Visitenkarten drucken lässt? Ein Freund von mir hat daraus ein Flirtformat gemacht: Wenn er Damen in der S-Bahn sieht, die ihm gefallen, legt er seine Visitenkarte mit einer entsprechenden Botschaft unauffällig in deren Einkaufstüten oder schiebt sie vorsichtig in Jutetaschen etc. … Er schreibt zum Beispiel: »Du hast mir total gut gefallen, aber ich habe mich nicht getraut, dich anzusprechen. Bitte ruf mich an.« Ihr glaubt nicht, wie gut das funktioniert. Die Damen rufen tatsächlich zurück. Einfach, weil es eine so ungewöhnliche Idee ist und weil die meisten Leute wahrscheinlich gerne hören wollen, dass sie jemandem gut gefallen. Also, verwendet eure alten Visitenkarten und schreibt drauflos!

Tantra

Nein, da gibt es jetzt überhaupt nichts zu kichern. Tantra ist eine ernst zu nehmende Philosophie, die schon vielen Menschen im Leben geholfen hat, und nicht nur bei ihren Beziehungen. Tantra ist eine systematische und experimentelle Methode, die zur Erweiterung des Bewusstseins führt. Am Ende des Weges steht die völlige Entfaltung des menschlichen Potenzials – auch Erleuchtung oder Befreiung genannt. Also weder Räucherstäbchen noch orgiastischer Gruppensex. Obwohl das vielleicht auch mal schön wäre. Es geht um unsere Körper und um unseren Geist, um Bewusstsein und Intuition und um die Fähigkeit, souverän mit all dem umzugehen, was einen (auch im täglichen Leben) umgibt. Man lernt in gewisser Weise, wie man sich in sich selbst verlieben kann und wie man die eigenen Liebesfähigkeiten aktiviert. Dabei ist man nicht unbedingt alleine, man ist vielleicht in einer Gruppe – um so schneller sieht man, wie man auf andere wirkt! Beim Tantra lernt man also schnell jemanden kennen und wenn es nur das eigene Selbst ist. Jedenfalls, wenn ihr euch wirklich was Gutes tun wollt, wenn ihr offen seid und ein Studio findet, in dem ihr den Leuten wirklich vertraut und mit denen ihr auf einer Wellenlänge seid, dann versucht es einfach.

Liebesbriefe und -gedichte

Ich weiß schon: Auf all diesen Dating-Seiten und in passenden Büchern und Coachings, die einem beibringen, wie Mann Frau bezirzt oder umgekehrt, liest man immer wieder, dass man sich

ja nicht so weit vorwagen soll. Dass man den anderen nicht über-
fordern und immer Abstand halten sollte, damit der andere einen
interessant findet und sich nicht sicher ist, dass er einen schon
»hat«, und das bringt dann Spannung in die Sache und führt letztendlich zum Erfolg. Und so soll dann eine Beziehung entstehen.
Mag sein, dass das funktioniert (echt jetzt?!?), bei mir aber sicher
nicht! In fortgeschrittenem Alter hat man keine Lust mehr auf
Spielchen und ist hoffentlich auch Mann beziehungsweise Frau
genug, um zu seinen Gefühlen zu stehen.

Und im Grunde sollte das ja auch bei jüngeren Leuten so sein.
Die Mischung aus Spielchen und ernsthafter Beziehung ist meines
Erachtens keine empfehlenswerte. Und deswegen hier der ultimative Ratschlag, wenn ihr schon jemanden gefunden habt, der euch
gefällt, und ihr aber nicht so richtig wisst, wie ihr es anstellen sollt:
Schreibt. Gebt alles! Greift zu schönem Papier und zu einem Füller
mit Tinte und lasst euren Gefühlen und Empfindungen freien Lauf.
Und wenn ihr poetisch veranlagt seid, verfasst bitte gleich ein Gedicht.

Ich glaube nicht, dass es irgendjemanden gibt, der einem Gedicht
oder einem schön geschriebenen Liebesbrief die kalte Schulter zeigen würde. Dazu kommt noch, dass das so wunderbar altmodisch
ist und dass der Empfänger etwas bekommt, um das man ein rotes
Schleifchen binden kann und das man für die Ewigkeit in einer
japanischen Lackschachtel aufbewahren kann. Schafft doch einfach mal was für die Ewigkeit. Ja, es könnte schiefgehen, der Empfänger könnte euch furchtbar finden und den Brief in die Tonne
treten. Aber trotzdem habt ihr es dann versucht, seid aus euch
rausgekommen, habt euch geöffnet. Und was könnte man Besseres
tun? Lest zur Inspiration Johann Wolfgang von Goethe: *Die Leiden
des jungen Werthers* (1774) oder Choderlos de Laclos: *Gefährliche
Liebschaften* (1782). Und auch wenn ihr nicht Goethe seid: Auch
euch wird es gelingen, das Herz von jemandem zu berühren, wenn
ihr euch wirklich ins Zeug legt. Und manchmal reicht auch eine

ganz kleine Nachricht, um jemanden auf einen aufmerksam zu machen. Um zu wissen, wie das geht: Lest Hanns-Josefs Ortheils *Liebesnähe*.

81. IDEE

»Take Her to the Zoo«

So heißt es in *Rocky* – aber warum eigentlich? Der Zoo ist ein Ort voller Grenzen, ein Archiv und Kotter der Natur. Dort ist man konfrontiert mit Wänden, Zäunen, Gittern und Fenstern. Und doch oder gerade deswegen ist der »Thierpark«, wie man ihn im 19. Jahrhundert zu nennen pflegte, doch auch der perfekte Ort, um seine Freiheit zu genießen und einen nicht ganz unschuldigen Flirt zu wagen. Man schaut ja schließlich nicht nur die Tiere an, auch unter den Besuchern werden ganz ungeniert die Blicke gewechselt – bis schließlich der eine oder andere unter den penetranten Paarungsversuchen der Menschenaffen anfängt, ganz beschämt rot anzulaufen.

Die Entstehung der Tiergärten fällt nicht zufällig mit jener kulturhistorischen Phase zusammen, in der sich erstmals das »Dating« oder das unbefangene Treffen von Mann und Frau an Orten des öffentlichen Lebens entwickelt. Sich im Zoo zu treffen, bot nicht nur die Möglichkeit, exotische Tiere aus unbekannten Ländern kennenzulernen.

Ursprünglich aus Wandermenagerien heraus entstanden, galten im Zoo dieselben regellosen Regeln wie auf dem Jahrmarkt: Man tauscht den Alltag gegen Spektakel, die Welt ist nicht eine Welt, aber alle sind hier (nur) eins: Schaulustige mit Sehnsüchten. Jeder darf mit jedem sprechen, alle dürfen schauen, und man trägt natürlich auch alles zur Schau. Im Rausch der Farben und Formen kann man sich entweder geschickt tarnen oder auf gar keinen Fall ungesehen bleiben. Definitiv kommt man hier niemandem ins Gehege – ausgenommen man will es.

Auch Rocky und seine Freundin besuchen den Zoo. Es wirkt alles so, als würden sie durch einen ganz gewöhnlichen Park spazieren, wäre da nicht ein unruhiger Tiger im Hintergrund zu sehen. Die beiden jedenfalls beachten ihn gar nicht. Und wenn man selbst so den Schlangenlinien des Weges durch die Gehege und Volieren folgt, sieht man auch gar nicht, wie der Tiger faucht und die Vögel balzen. Man lässt sich auf einer Bank nieder und folgt dem romantischen Blick in die Ferne, in die Polarregion, in den Dschungel, die Wüste oder den tiefsten Wald. Man steigt in die Dunkelheit der Meereswelt und beobachtet die funkelnden Fische oder die leuchtenden Quallen, wie sie spielerisch durch das Wasser gleiten. Oder man besucht das Tropenhaus, wo allen Besuchern der Schweiß über den Rücken läuft, ohne dass sie sich je berührt hätten. Ist man mutig, traut man sich zwischen die Felsen zu den Fledermäusen, die indem sie ihre Besucher lediglich im Flug streifen, eine Gänsehaut hervorrufen und klarmachen: Hier geht es nicht nur um Grenzen, sondern auch darum, die eigenen Sinne wieder zu spüren. Also, auf in den nächsten Zoo!

»Ich war das perfekte Ziel für Onlinedating«

Nina, 31, Museumspädagogin, hat zwischen Tür und Angel jemanden kennengelernt.

Wie und wo hast du Christoph eigentlich das erste Mal gesehen?
Das war an meinem ersten Tag in München, im Sommer vor zwei Jahren. Es war total heiß, ich war schlecht gelaunt, weil ich nach München ziehen musste und hatte aber meiner Meinung eine ganz nette WG zur Zwischenmiete gefunden. Ja, dann bin ich mit meiner Schwester und meinem Vater im Transporter bei der Hitze von Frankfurt nach München gegurkt und stand vor der Wohnung, wo mein Mitbewohner Christoph mich eigentlich mit dem Schlüssel empfangen sollte. Es war niemand da, weil die anderen Mitbewohner nämlich gerade im Urlaub waren. Ich hatte nur die Handynummer von Christoph, also hab ich ihn angerufen und er hat sehr verwirrt reagiert und erst mal gar nicht gewusst, wer ich eigentlich bin. Bis ich ihm dann erklärt hatte, dass ich seine neue Mitbewohnerin bin und er meinte: »Oh Gott, es tut mir so leid, ich bin zu meinen Eltern gefahren.« Ja, also haben wir dann noch eine Stunde lang vor verschlossenen Türen gewartet und ich dachte, mein Vater flippt gleich aus. Ich stand also dort mit meinen ganzen Möbeln auf der Straße irgendwo in München. Dementsprechend gut war ich auch auf meinen neuen Mitbewohner zu sprechen. Aber dann kam er um die Ecke und hat so schön gelacht und sah so gut aus, dass ich ihn plötzlich total gut fand.

Das heißt, eigentlich hat er es sogar geschafft, ganz glimpflich aus der von ihm verbockten Situation zu kommen. Wie ging's weiter?

Ich hab irgendwie durch eine Bemerkung am Rande von ihm angenommen, dass er schwul sei, weil er irgendwas von seinem Ex-Freund erzählt hat. Deshalb habe ich halt gedacht: »Okay, das wird mein toller neuer Mitbewohner/bester Freund.« So ging das dann auch weiter, wir haben uns super gut verstanden, haben auch sehr viel miteinander unternommen und ich hab ihn auch immer vollgeheult von meinen grauenhaften Dates, die ich hatte. Ich war das perfekte Ziel für Onlinedating – Tinder und Co. –, weil ich ja völlig neu in der Stadt war, aber es kam halt echt nichts Gutes dabei raus. Dann bin ich immer abends heimgekommen und hab ihm mein Dating-Leid geklagt.

Und hat es auf Gegenseitigkeit beruht, hast du auch was von seinem Liebesleben mitbekommen?

Da gar nicht, weil er gerade sehr in sein anspruchsvolles Studium vertieft war, er hatte Prüfungsphase und sehr viel um die Ohren. Also eigentlich hat er immer nur gelernt und ich glaube, er war auch ganz froh, wenn ich ihn hin und wieder abgelenkt hab. (*lacht*) Irgendwie, da ich ja der festen Überzeugung war, dass er schwul ist, habe ich auch so gar kein Interesse an den Tag gelegt. Beziehungsweise, vielleicht selbst wenn er irgendwas auf dem Schirm hatte, hätte er sich nie getraut, es offen anzusprechen. Ich hab ja auch ständig von all meinen Dates gesprochen und ihn vollgeheult, wie furchtbar die manchmal waren.

Gibt's eine Anekdote, an die du dich spontan erinnern kannst?

Es gab viele, aber an ein Date kann ich mich beispielsweise noch erinnern, da habe ich mich mit einem Typen getroffen, der irgendwie Kunststudent war, das fand ich toll. Und dann hat er mir auch erzählt, er lebe nur von Stipendien und sonst was. Aber das Date hat nur ein halbes Bier gedauert, dann meinte er, dass er losmüsse. Das war für mich das Zeichen, dass er mich loswerden will – komisch irgendwie. Und in der Bahn nach Hause bekomme ich dann eine Nachricht von ihm, er würde sich jetzt total ärgern, dass er so früh weg ist, weil er hätte mich doch noch gerne zum Sex mit zu sich genommen. Toll, oder? Und was ziemlich witzig war, eine Woche später hatte ich auch wieder ein Date, das nicht unbedingt gut war, und als wir die Isar entlangspazierten, läuft uns der Typ über den Weg. Da habe ich dann auch für mich gedacht: »Okay, ich hab jetzt das Onlinedating sowas von durch.«

Das klingt tatsächlich nicht unbedingt nach tollen Erfahrungen. Du hattest also genügend Gründe, dich bei Christoph auszuheulen. Und wie ging es dann weiter bei euch?
Ja, da hat sich dann einfach so eine richtig gute Freundschaft entwickelt, bis ich dann drei Monate später leider ausziehen musste, weil es ja nur eine Zwischenmiete war.

Aber habt ihr euch weiterhin regelmäßig getroffen?
Genau, wir haben uns dann trotzdem noch total oft gesehen, und da habe ich dann auch gemerkt, wie sehr er mir fehlt. Er hat dann auch gesagt, wie sehr er das vermisst, dass wir uns jeden Tag sehen. Ja, dann waren wir mal feiern in einem Club, da kannten wir uns so vier, fünf Monate, und als ein Mädchen an uns vorbeiging, hat er sich weggedreht und meinte irgendwie: »Oh, nee, mit der hatte ich mal was.« Und mir ist in dem Moment hab ich wahrscheinlich total komisch geschaut und ich hab gemeint: »Ja, hast du denn auch manchmal was mit Frauen?« Woraufhin er mich ganz entgeistert und mit ganz großen Augen angesehen hat: »Bitte was? Natürlich hab ich was mit Frauen, eigentlich nur.« Da musste ich dann total lachen und hab ihm erklärt, dass ich ja wegen seiner Ex-Freund-Aussage ganz am Anfang davon ausgegangen bin, dass er schwul ist. Da hat er wiederum sehr lachen müssen, weil das nur ein Scherz war und ich halt anfänglich alles ernst genommen habe, was er ge-

sagt hat, da kannte ich ihn ja noch gar nicht. Dann haben wir also beide sehr gelacht. Aber in der Nacht hab ich auch nicht geschlafen, weil da hat es dann bei mir gerattert.

Wie bist du mit diesen neu gewonnenen Informationen umgegangen?

Wir haben uns natürlich weiterhin ganz normal getroffen, für ihn wird sich nichts groß verändert haben, da waren ja alle Ausgangspunkte noch dieselben. Aber ab dem Zeitpunkt hat es auch begonnen, dass ich dann immer total nervös war, wenn ich ihn gesehen habe. Also, davor habe ich mir ja nicht groß Gedanken gemacht, wie ich aussehe und auftrete, wie das halt bei guten Freunden so ist. Aber da habe ich mich dann immer total aufgehübscht, und es war auch so ein bisschen krampfig. Ja, und dann irgendwann abends beim Filmschauen sind wir uns dann doch nähergekommen und ich hab dann auch meinen ganzen Mut zusammengenommen und ihm gestanden, dass ich ihn von Anfang an sehr toll fand und aber gedacht hab, dass das eh keinen Sinn hat. Da macht er noch immer gern seine Witze drüber, dass ich nur seine Alibi-Freundin bin, weil er sich noch nicht geoutet hat.

Ist ja auch spannend, wenn man vorher schon zusammengewohnt hat und dann zusammenfindet. Wie würdest du sagen, hat sich das auf eure Beziehung ausgewirkt?

Man kennt sich halt einfach extrem gut, und ich denke, dass man so schon auch eine gute Basis hat, weil man sich sozusagen schon in allen Aggregatzuständen erlebt und gesehen hat. Das ist bestimmt ein guter Ausgangspunkt, aber ich glaube auch, dass es bei uns gut war, dass erst danach etwas passiert ist, als wir schon nicht mehr zusammengewohnt haben.

Eigentlich ein guter Tipp für alle, die in eine neue Stadt kommen.

Zwischenmiete. Und Mitbewohner.

Noch ein genereller oder allgemeinerer Dating-Tipp oder Rat-schlag zum Kennenlernen, wenn man sich nicht in den eigenen vier Wänden umsieht?

Ich finde ja – da beziehe ich mich jetzt auf die Aussage, die man oft hört: »Man darf nicht auf der Suche sein, dann findet man auch jemanden.« –, wenn ich aber nicht auf der Suche bin, dann finde ich auch niemanden. Ich denke schon, dass man auch aktiv was unternehmen muss. Man kann nicht sagen, ich mach es exzessiv mit Parship und es klappt. Weil es genau da dann oft so ist, dass einem jemand anderes im »echten Leben« über den Weg läuft. Man muss schon auf der Suche sein, die Fühler ausstrecken und die Augen offen halten und sich fragen, ob der oder der nicht potenziell etwas sein könnte. Aber natürlich auch nicht verkrampft.

9. KAPITEL

FESTE

82. IDEE

Weihnachtsmärkte

Für die einen der wohl magischste Ort in der Vorweihnachts-zeit, für die anderen ein grässliches Gemisch an Kitsch, maßloser Geschmacklosigkeit und teurem Limo-Fusel, der erhitzt über die Schmerzgrenze dann doch recht billig in den Tassen über die Theke gereicht wird, Zimtaroma in den 6 Euro immerhin schon inbegriffen. Man errät wohl, zu welcher Kategorie ich mich zähle. Dabei ist es nicht die Weihnachtsgrinchstimmung, die mir schnell so pauschal angedichtet wird, sondern die prinzipielle Aversion gegenüber solchen Aufläufen an Menschen, die nichts Besseres zu tun haben, als bei 20 Grad im Dezember auf Biegen und Brechen und mit Fäustlingen beschuhten Händen am Punschglas zu nip-pen, während Jingles im Tinnitus-Modus die Plätze überschallen und man sich am nächsten Tag mit gehobener Schädeldecke und knapp entgangener irreparabler Überzuckerung durch Beeren-, Eierlikör-, Glühwein-, Zimt-, Mandel-, Honig-, Lebkuchen-, Was-auch-immer-Punsch-Mischung wünscht, dem Christkind mal ordentlich gegen das Schienbein zu treten. Jetzt habe ich mich in Rage geredet ...

Aber, um den Bogen zu spannen und das Lamentieren zu reduzieren, es kann sich auch lohnen, Weihnachtsmärkte zu besuchen. Zumal es gerade mit den Arbeitskolleginnen und -kollegen ganz nett ist, sich nach erledigtem Stundenpensum wie die Pinguine auf einen Platz zu stellen und überteuerten Billigalkohol zu schlürfen. Vor sieben Jahren war so ein Abend, an dem ich mich breitschlagen ließ, doch noch auf einen Glühwein mitzukommen – nicht ohne Protest, aber ich ließ mich mitschleifen (»Sei doch nicht so, es ist doch Weihnachten!« habe ich übrigens auf meine persönliche Liste der unmöglichen Sätze gesetzt). Ich finde mich also in einem weißen riesigen Plastik-Iglu wieder, von dem lila Lamettafäden schwunglos von der Decke baumeln, dicht umdrängt von Menschen, die um einen Platz an der Theke buhlen. Vor mir ein Wesen, dessen Rücken – ja, es ist möglich – sogar durch den Wintermantel sympathisch erscheint. Nur am Rande höre ich, wie er ein Bier bestellt und somit einen Pluspunkt mehr gesammelt hat. Ich grüble über einen sagenhaften Gesprächsanfang, da ist es auch schon passiert.

Der Vorteil, der sich mir nämlich vorher nicht erschlossen hatte, ist die Unausweichlichkeit der Weihnachtsmärkte. Minimaler Platz = maximales Kennenlernpotenzial. Somit ist es auch nicht schwierig, ins Gespräch zu kommen. Ich stehe also hinter diesem bierbestellenden sympathischen Subjekt, und im Vorbeigehen lasse ich einen mindergeistreichen Satz über die überteuerten Preise fallen, schon finde ich mich in einem Gespräch wieder und denke bei mir, dass das unvorteilhafte Licht, das von allen Seiten zu kommen scheint, doch gar nicht übel ist. Drei Stunden und gleich viele Punsch (oder Pünsche?) später stehe ich noch immer ins Gespräch vertieft auf dem gepflasterten Platz. Ein vereinsamtes Marshmallow dreht seine Kreise in meinem Becher, der Inhalt bereits erkaltet und auch mehr als nebensächlich. Die Krux an den Weihnachtsmärkten: Es ist recht schnell Schluss. Um spätestens 23.00 Uhr werden die Holzläden heruntergeklappt und die letzten Tassen zurückgetragen, um nicht auf dem Pfand sitzen zu bleiben. Was wir beide natürlich völlig übersehen haben und etwas ratlos um uns blicken, wo es sich bereits zu lichten beginnt und nur noch wenige Grüppchen um die runden Tische stehen. Kurzentschlossen treffen wir eine Abmachung: Wir tauschen Nummern aus. Und weil wir uns ja praktisch wiedersehen *müssen*, wenn wir unsere Becher retournieren wollen, ist auch die zweite Verabredung bereits abgemacht.

83. IDEE

Hochzeiten und Junggesellenabschiede

Regel Nummer eins: Auf keinen Fall zu viel Alkohol trinken! Das gilt für Hochzeiten und noch mehr für Junggesellenabschiede. Natürlich spricht überhaupt nichts dagegen, sich mit ein, zwei Gläschen Aperol Spritz auf die Party einzustimmen oder etwas von dem fantastischen Wein zum Essen zu trinken. Aber man sollte nicht unterschätzen, dass so ein Hochzeitstag wirklich lange dauern kann. Wenn man nicht aufpasst, hat man nämlich schon mittags mit den Brautjungfern die ersten Champagnerflaschen gekillt, bevor das Brautpaar überhaupt »Ja« gesagt hat … Und wirklich niemand will am Morgen danach mit Blackout und dem Kater seines Lebens im Bett des Bräutigams aufwachen – ohne selbst die Braut zu sein. Glaubt mir, alles schon passiert!

Das Schöne an Hochzeiten ist ja, dass dabei zwei Freundes- und Verwandtenkreise aufeinandertreffen, bei denen immer einige unbekannte Gesichter mit von der Partie sind. Selbst wenn Braut und Bräutigam sich schon beim Spielen im Sandkasten ineinander verliebt haben. Und alle zeigen sich an so einem Tag zumindest optisch von ihrer besten Seite. (Zum Stichwort »Benehmen«: siehe Regel Nummer eins …) Vielleicht gibt es ja auch jemanden, den man schon länger kennt und gut findet, aber sich bisher nicht so richtig getraut hat, in die Offensive zu gehen? Oder einfach keine Gelegenheit hatte? Dann ist jetzt die Chance gekommen! Egal, wie romantisch oder gruselig, wie kitschig oder stilvoll die Feier ist. Egal, ob die Band der Hammer oder einfach nur schrecklich ist, das Essen kalt und der Prosecco lau: Bei Hochzeiten wird IMMER gelacht, geweint, getanzt und vor allem geflirtet, was das Zeug hält. Und wenn es nicht von selbst passiert, reichen meist ein paar Leute, die den Anfang machen und die Tanzfläche erobern, um die übrigen Gäste mit der guten Stimmung anzustecken. Falls dann immer noch nichts läuft, kann man immer noch einfach gehen – nachdem man gratuliert und ein Stück von der Hochzeitstorte eingepackt hat. So viel Zeit muss sein!

Junggesellenabschiede hingegen haben ja die fatale Eigenart, dass sie in aller Regel nicht im kleinen Kreis gefeiert werden, sondern wildfremde Menschen dazu zwingen, an ihnen teilzuhaben – besonders dann, wenn es sich um einen JunggesellINNENabschied handelt. Und seien wir mal ehrlich: Keiner findet es wirklich lustig, in den immer gleichen pinkfarbenen »Team Bride«-Shirts und Bunny-Ohren einer betrunkenen jungen Frau mit Plastik-Tiara und Schleier hinterherzulaufen und entnervte Passanten zu belästigen. Oder noch schlimmer: derjenige sein zu müssen, den die johlende Horde auserkoren hat, der zukünftigen Braut den billigen Fusel aus dem Bauchladen abzukaufen. Ein einfaches »Nein« hilft da nämlich meist herzlich wenig. Ich hatte ein einziges positives Erlebnis dieser Art, das tatsächlich in einen sehr netten Flirt mündete. Während einer längeren Bahnfahrt im Regionalzug zwischen Dresden und München stieg irgendwann eine Gruppe lachender junger Männer in verdächtigen T-Shirts ein, wie ich schon jetzt genervt durchs Fenster sehen konnte. Als sie meinen Wagen erreichten, verbarrikadierte ich mich sofort hinter Schal, großer Sonnenbrille und aufgeschlagenem Buch – langstreckenerfahrene Zugfahrer kennen das. Was im Normalfall als »Bitte nicht ansprechen«-Schutzschild funktioniert, nutzte in dem Fall leider nichts. Ich tat zunächst so, als würde ich nicht merken, dass sie vor mir stehen geblieben waren.

Als der eine dann allerdings mit vorsichtiger Stimme fragte, ob er mich – wirklich nur ganz kurz – stören dürfte, ließ ich meine Deckung aus Neugier dann doch sinken. Vor mir standen vier etwas zerknirscht wirkende Jungs, die aber erstens nicht besoffen und zweitens ganz schön schnuckelig waren. Der Bräutigam in spe trug ein weißes T-Shirt, das mit ziemlich vielen Kussmund-Abdrücken versehen war, und hielt einen Lippenstift in der Hand. »Auf gar keinen Fall …!«, wollte ich ihn schon anfahren. Dann erzählten sie allerdings, dass sie gar nicht um meinen Lippenabdruck auf dem Shirt bitten wollten – obwohl es ganz danach aussah. Sie fanden diese abgedroschenen und nervigen Aktionen nämlich mindestens so schrecklich wie ich. Der daheimgebliebene »lustige« Freundeskreis, der sich diese »innovative« Aufgabe ausgedacht hatte, hatte sich allerdings auch eine fiese Strafe überlegt, sollten sie ohne Erfolg beim abendlichen Junggesellenabschied auftauchen. Deshalb hatten sich die Jungs eine Finte überlegt und sich einen lustigen Tag gemacht, bei dem sie eine ganze Reihe neuer Bekanntschaften machten – ganz ohne den Ärger sämtlicher Mitmenschen auf sich zu ziehen. Was ich machen sollte, war lediglich, die Lippen des Bräutigams mit dem Lippenstift zu bemalen, sodass er den Kussmund einfach selbst auf den Stoff drücken konnte. Als Dankeschön gab's noch 'ne Runde Radler aus der mitgebrachten Kühlbox und eine lustige Unterhaltung inklusive ausgetauschter Nummern (nein, nicht mit dem Bräutigam!), bis sie bei der übernächsten Station wieder ausstiegen.

Volksfeste

Aufs Volksfest geht man niemals allein. Und es ist sehr lustig dort. Und laut. Und man kann – wenn man will – ganz viele verrückte Sachen machen wie Skyfall, Hexenschaukel oder Wilde Maus. Was dann auch gleich für das nötige Adrenalin und Herzklopfen sorgt, um mutig genug dafür zu sein, den coolen Typen in der Lederhose zu fragen, ob er mit einem 'ne Runde Autoscooter fahren will – oder noch besser: Geisterbahn! Da kann man sich so schön aneinanderklammern vor Schreck. Romantisch sein geht auf Volksfesten natürlich ebenfalls ganz wunderbar. Auch wenn im realen Leben Schusswaffengebrauch eher nicht in die Kategorie Liebesbeweis fällt, geht doch nichts darüber, der oder dem Angebeteten seine Gunst durch das Schießen einer Rose – oder eines überdimensionalen Teddybären – zu beweisen!

Hat man genug Runden auf dem Teufelsrad gedreht und sich mit gebrannten Mandeln eingedeckt, folgt der zweite Teil des Volksfestbesuchs: das Bierzelt! Nachdem man das zum Musikgeschmack passende Zelt gewählt hat, ist der Rest eigentlich ganz einfach: sich einen Tisch mit sympathischen beziehungsweise potenziell interessanten Menschen suchen, nett fragen, ob man sich dazusetzen darf, und dann einfach machen, was alle tun: inklusive zusammen auf der Bierbank zu stehen, Brüderschaft zu trinken, nicht mehr zu wissen, welcher Maßkrug der eigene war, gemeinsam mit hochgehobenem Glas und den neu erworbenen Freunden »Oans, zwoa, drei – Gsuffa!« zu rufen und mit so vielen Krügen wie möglich gleichzeitig anzustoßen oder kurz vor Zeltschluss Arm in Arm mit Feuerzeug in der Hand *Sierra Madre* zu grölen …

Jaja, das ist gaaanz übel. Kann aber auch richtig, richtig lustig sein! Und es kann ja auch so laufen: Einen der schönsten Volksfestabende hab ich damit verbracht, mich drei Stunden lang ernsthaft und tiefsinnig mit einem wunderbaren Menschen zu unterhalten, während um uns herum alle auf den Bänken hüpften und das Festzelt tobte. Das spielte einfach keine Rolle: Wir hatten nur Augen und Ohren füreinander – geknutscht haben wir am Ende selbstverständlich trotzdem.

»Insgeheim war mir vom ersten Tag an klar, dass es etwas Besonderes ist.«

Paul, 22, Studierender der Politikwissenschaft, wurde in einer Bar angesprochen.

Wie und wo habt ihr euch denn kennengelernt?

Also, ich war in einer Bar. Da war ich nicht mit guten Freunden, sondern alleine und hab mir ein Bier bestellt. Und dann ist die Doris angetrunken zu mir hin und hat mich darauf angesprochen, warum ich sie in der U-Bahn nicht gegrüßt habe. Aber ich wusste überhaupt nicht, in welcher U-Bahn, ich habe ihr gesagt, dass ich sie einfach nicht gesehen habe.

Ihr habt euch also schon gekannt?

Achso, naja, nicht wirklich. Wir haben uns ein halbes Jahr davor einmal im Training gesehen, beim Thaiboxen. Und später mal am Campus aus der Ferne zugewunken. Dann hat sie mich in der Bar, eben aus Spaß, etwas harsch angesprochen. Wir haben auch gar nicht so viel geredet, sondern es kam schnell zu der Frage, ob ich nicht Lust auf Knutschen habe. Das hab ich bejaht, aber dazu kam es nicht sofort. Weil die Doris schließlich doch gesagt hat, was ist denn, wenn du schlecht küsst? Ich meinte, dass wir das einfach ausprobieren müssen. Dann wollte sie, dass wir uns doch noch besser kennenlernen und von der Frage, ob wir knutschen, bis wir uns tatsächlich geküsst haben, ist noch eine halbe Stunde vergangen.

Und du hast also gut genug geküsst?

Ja, wir haben den ganzen Abend geknutscht, an der Bar, überall waren wir im Weg, dann auf einer Couch, haben da Bier getrunken und Zigaretten geraucht, bis das Licht in der Bar anging. Danach sind wir zu mir und haben da den ganzen Tag miteinander verbracht. Ja, das war die grobe Geschichte.

Wie ging es weiter?

Ein paar Tage später war Doris in der Nähe von mir – wir haben davor Handynummern ausgetauscht und sie hat gefragt, ob sie vorbeikommen kann. Ja und ab da haben wir uns eigentlich immer gesehen.

Ab wann war klar, dass es etwas Ernstes mit euch wird?

Insgeheim war mir vom ersten Tag an klar, dass es etwas Besonderes ist. Weil da so eine Vertrautheit war, weil ich normalerweise nie mit einer Person, die ich gerade erst kennengelernt habe, den ganzen Tag verbringen würde, einfach mit Kuscheln und Knutschen und Reden. Wir hatten einfach so viel Spaß. Und der Rest war auch gleich in den ersten Wochen klar. Weil, auch wenn man mit Freunden Zeit verbringt, ist das schon manchmal anstrengend und kräftezehrend nach einem langen Tag, aber wenn ich mit ihr Zeit verbringe, gibt das Kraft. Aber ohne den Mut von der Doris wäre das wahrscheinlich nie so gelaufen.

Man nehme an, ihr hättet euch auf Tinder getroffen, hättet ihr euch nach links oder rechts geswipt?

Ja vermutlich schon in die positive Richtung, aber das hätte gar nicht geklappt, weil sie nie auf Tinder war.

Was würdest du Menschen raten, die auf der Suche sind?

Sich nicht zu Hause verstecken, sondern rausgehen und sich in ein Gespräch begeben, im Zweifel auch nach ein paar Bier. Doris ist eigentlich auch niemand, der jeden anspricht, und eher schüchtern, aber das war definitiv der Alkohol und weil sie mich einfach besonders fand. Und man sollte keine Scheu haben, wenn es um Dinge geht wie das Alter. Doris ist zum Beispiel sechs Jahre älter als ich. Und nur weil gesellschaftlich verhandelt wird, was eigentlich normal sein soll, und dass etwa der Mann älter sein soll, ist es kein Problem, wenn der Mann jünger ist. Man muss sich zwar auf komische Blicke einstellen, aber wissen, dass das nichts zur Sache tut. Man sollte natürlich schon darüber sprechen, wie alt man ist, weil abgesehen vom gesellschaftlichen Druck, sind schon andere Erfahrungswerte und -zeiten da. Aber wenn es passt, dann passt's!

10. KAPITEL

FREUNDESKREIS

85. IDEE

Freunde – wozu hat man die eigentlich?

Ja, in Filmen wird es oft lustig dargestellt, wenn Freunde einen verkuppeln wollen, zum Beispiel Hugh Grant in *Notting Hill*. Drehbuchautoren können der Versuchung offenbar nicht widerstehen, diese Szenen zu schreiben: Der Held beziehungsweise die Heldin wird unsagbar schrägen Kreaturen ausgesetzt, und das von den eigenen Freunden, die es eigentlich besser wissen müssen! In der Realität sieht das allerdings meist nicht so drastisch aus: Viele Leute lernen sich über Freunde kennen. Sei es zufällig, weil Freunde einfach dazu tendieren, Partys zu geben oder einen zum Abendessen einzuladen, oder weil sie es gezielt darauf anlegen, vielleicht ganz unauffällig … Jedenfalls solltet ihr Freunde nicht unterschätzen. Fragt sie doch einfach ganz offen: »Kennst du nicht jemanden für mich?«, »Überleg doch bitte mal, ob im Kollegenkreis nicht jemand für mich dabei ist«, oder: »Hast du keinen netten Cousin oder eine charmante Cousine?«

Die Single-Party

Wenn du diesen Tipp beherzigst, schlägst du gleich zwei Fliegen mit einer Klappe: Du hast zugleich eine Party und eine schöne große neue Auswahl an potenziellen Partnerinnen und Partnern. Das große Ding ist es nämlich, eine Single-Party zu feiern. Was daran besonders ist, fragst du dich?

Der Clou an der Sache ist, dass jeder und jede Eingeladene einen Single seiner Wahl mitbringen muss – unabhängig davon, ob die Eingeladenen selbst Single sind oder nicht. Möchte jemand der Gäste seinen Partner mitbringen, muss der eben auch einen Single mitbringen! Das Ergebnis sind viele interessante Leute, spannende Gespräche, weil – im Gegensatz zu sonst – so viele neue Gesichter auf deiner Party sind. Also, unbedingt ausprobieren!

Die 500-Euro-Ausschreibung

Und wer Tipp 86 auf die Spitze treiben möchte und wer vielleicht 500 Euro zur Verfügung hat, der könnte eine 500-Euro-Challenge ausschreiben: Derjenige, der mir meinen Traumpartner vorstellt, erhält 500 Euro. Versucht es. Es ist lustig, und manche Leute wachsen bei einer solchen Challenge über sich hinaus.

Partys (keine mehr auslassen,
nein, keine, wirklich nicht!)

Dem Leben auf die Sprünge zu helfen und der Liebe eine Chance zu geben, heißt auch: jede Party besuchen. Alle (!) Einweihungsfeiern, Geburtstagsfeiern, Hochzeitsfeiern, Junggesellenabschiede, Büropartys, Weihnachtsfeiern im Büro, Weihnachtsfeiern überhaupt, Verlobungsfeiern, Baby-Partys (auch dort könntet ihr jemanden kennenlernen, der euch zur nächsten Party einlädt, ihr wisst schon), Scheidungspartys ... Es ist nun mal so, dass auf Partys Menschen zum Kennenlernen aufgelegt sind. Es gibt Alkohol, es gibt was zu essen, und dass man miteinander ins Gespräch kommt, ist praktisch die Aufgabe des Abends. Also nein, auch wenn die Woche hart war, auch wenn es regnet, auch wenn es schneit: Partys sind von jetzt an Pflichtprogramm! Werft euch in Schale, amüsiert euch, schreibt es abends in euer Glückstagebuch.

Jemand hat mir erzählt, dass er seine Frau auf einer Party kennengelernt hat, weil einem Freund von ihm auf ebenjener Party sehr langweilig war. Daraufhin hat der Freund denjenigen, der mir die Geschichte erzählt hat, angerufen und ihm gesagt, dass eine bestimmte Dame ihn unbedingt kennenlernen möchte und dass er doch deswegen jetzt zu dieser Party kommen solle. Und mit der betreffenden Dame hat er es genauso gemacht. Auch aus diesen beiden ist ein verheiratetes Ehepaar samt Kind geworden. Eine wunderbare Verquickung von Freunden und Party!

»Aber tatsächlich kam das Analoge dazwischen.«

Ophelia, 27, arbeitet in einer Papeterie und liebt Begeisterung.

Wie hast du deinen Partner kennengelernt?
Letztendlich war alles ganz einfach – aber da es um analoge Liebe geht, hole ich ein bisschen aus. Im Sommer 2015 war meine beste Freundin für ein Praktikum in Berlin. Tinder war für uns zu dieser Zeit gerade neu, und wir beide waren Single – also wurde fleißig getindert, sie in Berlin, ich damals gerade in Göttingen, die Ergebnisse wurden natürlich ausgetauscht. Ganz besonders großartig war Tinder, weil wir beide neu in den Städten waren und noch niemanden kannten. So war es eine aufregende Abwechslung und vielleicht konnte man sogar neue Freunde finden.

Meine Freundin in Berlin fand Martin – für mich! Sie haben gematcht, aber schon nach ein paar Nachrichten dachte sie sich, dass Martin doch viel besser zu mir passen würde. Also leitete sie alles in die Wege, und nach kurzer Zeit schrieben Martin und ich auf Facebook und sie hatte wirklich recht – es passte. Ständig klingelte das Handy: Wir schrieben tagsüber und nachts, über Facebook und WhatsApp, über unseren Alltag, unsere Wünsche, die Zukunft und die Vergangenheit, über die Gesellschaft und unsere Freunde, über Theorien der Soziologie und Theorien der Physik, also über alles eigentlich. Und ich dachte wirklich, ich hätte einen Seelenverwandten gefunden.

Ich dachte, du wolltest uns von analoger Liebe erzählen?
Keine Sorge, die kommt noch. Die Gespräche fanden zwar alle nur mit und am Handy statt, ohne dass wir uns je gehört hätten, wusste man ziemlich viel über den anderen. Ich wusste natürlich auch, wie der andere aussieht, zumindest auf dem Foto, aber sich zu sehen oder zu daten ist natürlich etwas anderes. Das stand einfach ganz lange für uns gar nicht zur Debatte. Ich war wieder in München, er inzwischen in Leipzig. Außerdem war auch die Angst groß: Vielleicht hat er einen ganz fürchterlichen sächsischen Dialekt, der die schönen Worte kaputt macht? Was, wenn es einfach nicht funkt? Wir haben uns über ein dreiviertel Jahr geschrieben, bevor wir uns schließlich überhaupt einmal gesehen haben.

Ich sehe, wir kommen weiter in Richtung analog!
Nicht ganz. Aber tatsächlich kam das Analoge dazwischen. Ich habe mit Freunden stundenlang in einem Club getanzt, bis in den frühen Morgen. Am nächsten Tag ist man dann ja immer total müde, liegt auf dem Sofa, checkt Mails, sieht fern oder verfolgt auf Instagram, wie andere ihren Sonntag verbringen. Jedenfalls kam irgendwann eine Nachricht von eben der Freundin, die mir auch Martin zugespielt hatte. Ein Bekannter von ihr, Julian, den ich schon länger gut fand, hatte mich im Club beim Tanzen gesehen und nach mir gefragt, wer ich denn sei und ob er meine Nummer haben könnte. Dann lief alles schnell. Wir trafen uns einmal, das erste Date dauerte fast zehn Stunden, eigentlich einen ganzen Sonntag. Wir waren auf einer Ausstellung, dann Pizza essen, haben in einem Café mit einem Paar Kopfhörern gemeinsam Musik gehört und heiße Schokolade getrunken. Ich weiß noch, als ich nach dem Date nach Hause gekommen bin, da war ich irgendwie voller Adrenalin und wusste gar nicht was gerade passiert ist. Irgendwann hab ich gemerkt, dass ich einfach auf meinem Bett stehe und wusste nicht mehr wie ich da hingekommen bin und warum. Das zweite Date folgte, schließlich das dritte mit dem ersten Kuss.

Und Martin?

Das ist es ja. Ich traf mich mit Julian und war total glücklich und auf dem Handy bekomme ich Nachrichten von Martin. Martin war noch da, aber Martin war eben nur auf Facebook, Martin war nur in meinem Handy. Als er schließlich für eine Konferenz in München war und wir uns trafen, hatten wir schon einen guten Tag zusammen – aber dieser Tag war einfach vier Wochen zu spät. Das war keine Option mehr. Unsere Gespräche liefen langsam aus, gesehen haben wir uns nie wieder.

Das war eine schnelle Wendung der Geschichte. Was war es denn, was dich an Julian mehr überzeugte als an Martin?

Nun ja, er war da, er war nicht nur ein Handy-Phantom. Und letztendlich stand eine Wahl nie zur Debatte. Vor unserem ersten Treffen dachte ich, Julian versetzt mich – und ich war total enttäuscht und ich habe keine Ahnung, ob ich zuvor schon jemals so wütend auf jemanden war, den ich gar nicht kannte –, letztendlich war alles nur ein Missverständnis. Und als er mir dann auf der Straße entgegenkam, war jede Wut weg. Bei Martin hatte ich überhaupt nie die Gelegenheit, enttäuscht oder wütend zu sein, und noch weniger konnte er mich durch seine bloße Anwesenheit beruhigen.

Das klingt vielleicht banal, aber wichtig war, dass er wirklich da war?

Genau! Bei Martin waren auch sämtliche Worte nur Worte – via Text kann man ja eigentlich keine Emotionen nachvollziehen. Ich sehe ja kein Gesicht vor mir, ich sehe keine unmittelbare Reaktion, keine Enttäuschung, keine Wut oder irgendwas anderes. Und es kann natürlich auch sein, dass man total aneinander vorbeiredet oder ganz andere Dinge sagt, als man denkt. Obwohl ich also ziemlich viel von Martin wusste, hatte ich eigentlich keine Ahnung, wer das war. Bei Julian war ich mir aber total schnell sicher, wer das war.

Man ist sich also nicht ganz sicher, mit wem man da eigentlich spricht? Bei Julian ...

... war sofort klar, dass ich es hier mit einem Menschen zu tun habe, der voller Leidenschaft steckt, immer voller Begeisterung. Bei unserem ersten Date hat er sofort von seinem Abschlussprojekt als Designer erzählt, er ist auch ein leidenschaftlicher Fotograf, mit einer großen Liebe zum Essen. Oder, als wir beim ersten Treffen Pizza essen waren – er hat lange Haare, die ihm, bei seiner begeisterten Art zu essen, durchaus im Weg sein können –, und er hatte natürlich keinen Haargummi dabei. Also stand er auf und fragte alle Frauen im Restaurant, ob ihm nicht jemand einen Haargummi leihen könnte.

Und die Gespräche mit Martin wogen dies nicht auf?

Nein, überhaupt nicht. Es waren viele tiefe Gespräche. Aber tiefe Gespräche machen ja nicht unbedingt glücklich, sondern nur nachdenklich. Aber mit jemandem die Zeit zu verbringen, der Begeisterung hat, macht mich schon sehr glücklich.

Was, würdest du sagen, war das Besondere daran?

Es gab kein Hin und Her, keine Spielchen, eigentlich war alles gleich klar. Und, um kitschig zu sein, Julian war natürlich das Besondere daran ... Ich war in den ersten Monaten so überfordert damit, was alles passiert, dass ich das auch meinen besten Freundinnen nicht erzählen konnte, weil immer, wenn ich was erzählt hab, das viel zu banal geklungen hat und ich das nicht in Worte fassen konnte. Da hab ich echt eine Zeit immer Tagebuch geschrieben, weil alles irgendwohin musste.

Hast du einen Tipp für Menschen, die einen Partner suchen?

Absolut! Begeisterung! Zeige Begeisterung, wenn dir jemand gefällt – wie soll er das denn sonst merken? Begeistere dich für den anderen, begeistert euch für eure Beziehung. Begeistere dich auch für Dinge, die dein Partner oder deine Partnerin nicht kennt, und begeistere dich für Dinge, die dem anderen wichtig sind. Denn Begeisterung macht interessant, und Begeisterung zeigt Wertschätzung. Begeisterung macht alles leicht.

Und einen Tipp für eine Beziehung, falls es dann geklappt hat?
Eigentlich auch hier: Begeisterung!

11. KAPITEL

DIE KLASSIKER

89. IDEE

Singleveranstaltungen

Wir kommen jetzt zum Online-Abschnitt. Denn natürlich ist online erlaubt, wenn ihr es als Instrument nutzt, um möglichst schnell Menschen tatsächlich im echten Leben zu riechen, zu schmecken, zu hören. Vielleicht sogar zu küssen. Also hier ein paar Tipps für den vernünftigen Umgang mit digitalen Hilfsmitteln, ohne in die virtuellen Blase abzudriften: Benutzt das Internet, um euch mit anderen Singles zu verabreden. Da gibt es zum Beispiel die Münchner Singles, die es inzwischen nicht mehr nur in München, sondern auch in allen anderen Großstädten gibt. Lest dazu das betreffende Interview. Das ist zwar einerseits eine normale Dating-Plattform; was ich aber viel wichtiger finde, ist, dass dort andererseits von den Mitgliedern selbst wirklich bis zu 20 oder noch mehr Veranstaltungen an einem Tag in einer Stadt angeboten werden, zu denen man sich anmelden kann, und dort trifft man dann jede Menge neue Leute. Leichter geht's gar nicht, und da ist auch nichts Peinliches oder Merkwürdiges daran: denn die meisten sehen das wirklich nicht so sehr als Ort der Partnersuche, sondern als Ort, um neue Leute zu treffen. Viele sind auch jeweils neu in der Stadt.

Die gute altmodische Partnervermittlung

Auch hierzu empfehle ich euch, das Interview mit Frau Stegmann zu lesen. Aber lasst mich hier noch mal ganz kurz die Vorteile beschreiben: Es kostet zwar Geld, teilweise richtig viel Geld, aber dafür machen sich echte Menschen Gedanken, wer zu wem passen könnte. Und diese Menschen fühlen einem vorher wirklich auf den Zahn und versuchen zu ermitteln, was man wirklich braucht und was man wirklich will. Außerdem macht das Ganze Spaß und für alle Teilnehmer ist es sehr verbindlich, da man eben Geld zahlt und da man sich teilweise auch verpflichtet, die betreffenden vorausgewählten Leute nicht nur einmal zu treffen, sondern mehrmals, denn beim ersten Date ist man aufgeregt und vielleicht nicht man selbst. Zumindest aus meiner Elterngeneration kenne ich einige Menschen, die sich über eine Partnervermittlung getroffen haben, damals war es noch gang und gäbe, dass, wenn man mit 25 nicht unter der Haube war, oder Männer vielleicht mit 30, man zu solchen drastischen Schritten griff. Aus der großen Anzahl von Vermittlungsagenturen schließe ich, dass das auch heute noch sehr viele Menschen in Anspruch nehmen, auch wenn dann offensichtlich wenig darüber gesprochen wird. Bitte achtet darauf, dass die Agenturen seriös sind, einfach Mister Google fragen und nach Erfahrungen mit der betreffenden Partnerschaftsagentur suchen, dann zeigt sich das ganz schnell.

Anzeigen lesen, beantworten oder aufgeben

Mindestens ebenso altmodisch und irgendwie skurriler ist es, Anzeigen zu lesen, zu beantworten oder gleich selbst eine aufzugeben. Da wird man sich bei dem Versuch, einen prickelnden Text über sich selbst zu schreiben, zwar fast die Zähne ausbeißen, aber das ist ja sowieso eine gute Übung: Sollte man nicht überhaupt irgendwann mal schriftlich festhalten, wer man ist und wen man sucht? Und dann auf in den Anzeigendschungel, da ist für jede Altersklasse was dabei, da wird nach jungen schlanken Menschen genauso gesucht wie nach Leuten mit Rubensfigur, da wird nach allen möglichen Bildungsstufen und gerne auch mal nach dicken Geldbeuteln Ausschau gehalten.

Vier Beispiele sollen genügen, um zu verdeutlichen, wie man sich das vorstellen muss: »*Gentleman, Feingeist und Rotarier. Was will Frau noch mehr? Ein Mann in den besten Jahren, Ende 70, groß, schlank, attraktiv, athletisch; sehnt sich nach dem DU der Vertrautheit und der Liebe, diesem unersetzlichen Elixier für ein rundum geglücktes Leben.*«

Oder: »*Sie, 29, 1,65 m, hübsch und sympathisch, wünscht sich eine langfristige Beziehung zu einem dominanten Mann bis circa 39.*«

Oder: »*Gesucht: Liebhaber: eloquent, insolvent, potent, groß, klug. Gebunden oder ungebunden. Zwischen 50 und 63 Jahren. Biete: Anfang 50, 167 cm groß, sportlich schlank. Keine Tätowierungen, kein Silikon. Dafür: Ecken und Kanten, Wortwitz, null Neigung zum Drama.*«

Oder: »*Stadtpflanze sucht Gärtner (kreative Akademikerin, 62, 1,75 m, verwitwet, schlank, attraktiv, gepflegte Erscheinung); biete als Dünger: positive Ausstrahlung, Warmherzigkeit, Verlässlichkeit, Gelassenheit, schätze gute Gespräche, Interesse an kultureller Vielfalt, Reisen, Schwimmen, Wandern, guten Lebensstil liebend. Suche: ak-*

tives lebensbejahendes Du mit gutem Background, Herzensbildung und Offenheit, mit beiden Beinen im Leben stehend. Dann können wir aneinander wachsen.«

Face-to-Face-Dating und Socialmatch

Face-to-Face-Dating ist eine Organisation, die es inzwischen in zahlreichen Städten gibt. Darunter auch Rosenheim, Koblenz oder Jena. Also nicht nur in den ganz großen Städten. Man zahlt 16 Euro und trifft in drei verschiedenen Bars jeweils fünf weitere Menschen. In jeder Bar verbringt man eineinhalb Stunden. Das ist etwas lockerer als klassisches Speeddating, weil es keine Eins-zu-eins-Situation ist. Dafür ist aber auch nicht gewährleistet, dass das Geschlechterverhältnis stimmt. Die Schüchternen können einen Freund oder eine Freundin mitbringen, am besten natürlich auch Singles. Außerdem wird darauf geachtet, dass alle Teilnehmer wirklich aus der Stadt oder der Umgebung kommen, sodass man nicht am Ende des Abends feststellt, dass der charmante Gesprächspartner 600 Kilometer entfernt lebt. Und das Ganze ist nach Altersgruppen geteilt, was manch einer vielleicht als ein wenig einengend empfinden mag.

In eine ähnliche Richtung geht Socialmatch, auch hier bezahlt man eine Teilnehmergebühr und spielt dann mit bis zu neun Leuten ein von den Gründern eigens kreiertes Brettspiel. Das Spiel besteht aus Fragen und Aufgaben, die man entweder alleine oder in Teams meistern muss. Auch hier kann man mit ein bis zwei Freunden teilnehmen. Die Veranstalter achten auf ein ausgewogenes Verhältnis von Frauen und Männern. Und auch hier sind die Events nach Ort und Alter unterteilt. Hier sind aber die Altersgruppen etwas größer gefasst, zum Beispiel 20 bis 35 Jahre, 30 bis 45 Jahre etc. Also klar, auf beiden Veranstaltungen finden sich Leute, die Leute kennenlernen wollen, aber das Ganze ist eben nicht soooo auf Partnerschaft ausgerichtet und macht wirklich Spaß.

Jumping Dinner

Im Grunde ist es ja wirklich schön, dass viele Menschen daraus jetzt eine Geschäftsidee machen: die Leute analog zusammenzubringen, anstatt sie in der Onlinedating-Hölle schmoren zu lassen. Sehr gut! Jumping Dinner ist auch so eine Idee: Zwei Leute kochen einen Gang des Menüs in einer Wohnung. Und ziehen dann in andere Wohnungen weiter, wo andere Leute andere Gänge kochen. Und am Schluss des Abends gibt es einen Ort, an dem alle Menschen, die im Laufe dieses Abends in dieser Stadt gekocht haben und bekocht wurden, noch mal zusammentreffen. Und auch hier ist es so: Essen und Kochen sind die kleinsten gemeinsamen Nenner, aber im Grunde geht es darum, Leute kennenzulernen. Das Ganze ist oft etwas chaotisch, weil die Zeit nicht ausreicht und weil man innerhalb der Stadt ja auch öfter den Ort wechseln muss. Aber da sieht man gleich, wie flexibel und locker die anderen sind. Um die Kochkünste ist es unterschiedlich bestellt, manche sind Anfänger, manche können das richtig gut. Und dass man die verschiedenen Wohnungen sieht, ist ein kleiner Bonus. Also Kochschürze umhängen und ran an den Herd!

Dinner & Flirt

Das Ganze, ähnlich Tipp 93, ohne selbst kochen, selbst einkaufen und selbst den Tisch decken zu müssen, bieten die Single Dinners an. Hier stellen die Veranstalter anhand eines Fragebogens, den man vorher ausfüllen muss, eine Gruppe von zueinander passenden Männern und Frauen zusammen, die dann zusammen in ein schickes Restaurant gehen. In der Gruppe ist das Reden natürlich irgendwie leichter als auf einem wirklichen Blind Date. Das Ganze ist weniger aufwendig als das Jumping Dinner, dafür trifft man aber auch weniger Leute, und es kostet mehr Geld. Aber es lohnt sich, das auszuprobieren, denn das Gespräch ist ungestörter und die Atmosphäre ernsthafter als beim Jumping Dinner.

Google hilft immer!

Nicht nur der Kauf einer neuen Waschmaschine will gut recherchiert sein, sondern auch die Art und Weise, wie man sich den neuen Lebenspartner angelt. Bei beiden Vorhaben ist Google eine sichere Anlaufstelle, um erste Informationen einzuholen. Der unschlagbare Vorteil: Man kann die Suchanfrage ganz individuell auf seine persönlichen Kriterien wie Hobbys oder den Wohnort zuschneiden. Einfach »Sport für Singles in Köln« oder »Single-Kochen in Leipzig« eingeben und innerhalb weniger Sekunden fündig werden. Wer länger sucht, findet natürlich auch versteckte Perlen der regionalen Dating-Tipps: Für die Städte Hamburg, Berlin, Köln und München rate ich auf jeden Fall einen Besuch auf mitvergnügen.de – selbst wenn die Traumfrau oder der Traummann bei den besten »Orten, an denen man neue Leute kennenlernen kann« nicht dabei war, hat man auf jeden Fall eine total kultige Bar oder ein richtig leckeres Restaurant entdeckt!

Speeddating

Wir alle kennen das aus zahlreichen Filmen. Und immer ist es sehr lustig – das ist es tatsächlich auch im echten Leben. Also ran an den Speck. Speeddating läuft so, dass sich vorher nur die Frauen in einem Raum treffen und die Männer getrennt davon bleiben. Es gibt exakt so viele Frauen wie Männer, auch hier ist alles nach Altersgruppen geordnet. Dann geht man in einen Raum, wo die Frauen sich an einen Tisch setzen, und die Männer drehen nach jeweils sieben Minuten ihre Runde und ziehen zur nächsten Gesprächspartnerin weiter.

Das ist dann eine Situation, wie wenn jemand zu einem sagen würde, du hast jetzt genau sieben Minuten Zeit, mich von dir zu überzeugen. Oder man plaudert einfach ein wenig. Das ist vom Typ abhängig. Manche sagen auch einfach immer dieselben auswendig gelernten Texte auf. Nicht empfehlenswert. Schön wäre es, wenn man tatsächlich auf sein Gegenüber eingehen würde, manchmal ist ja selbst eine Äußerlichkeit ein Anknüpfungspunkt für ein Gespräch. Stellt Fragen: Man kommt viel sympathischer rüber, wenn man zuhört, als wenn man sieben Minuten lang von sich erzählt. Je geschickter man sich dabei anstellt, desto besser läuft natürlich der Abend. Nachher geht eine Liste rum, auf der man ankreuzen kann, wer einem gefallen hat, und sollten sich zwei finden, werden die Telefonnummern weitergegeben. Das ist alles. Von nun an seid ihr auf euch gestellt. In diesem Rahmen möchte ich noch den Film *Altersglühen* empfehlen, der nicht nur den Grimme-Preis gewonnen hat, sondern ganz wunderbare und großartige deutsche Schauspieler beim Speeddating im fortgeschrittenen Alter zeigt. Der Text ist zum größten Teil improvisiert und ich kann nur Barbara Müller von der *Welt* zustimmen, die schrieb, *Altersglühen* sei ein »Wunderwerk von einem Film, vor dem man staunend und amüsiert und angerührt und beglückt sitzt. *Altersglühen!* Umwerfender Titel. Zwischen Vorglühen und Verglühen. *Speeddating für Senioren* – Schreckensreicher Untertitel. Klingt irgendwie nach Tanztee mit Rollator. Ist es aber nicht. Was für ein Spaß. Auf gar keinen Fall verpassen!«

97. IDEE

Ü-irgendetwas Partys

Ja, das ist auch so etwas, was man lieber vermeiden würde. Schon alleine deswegen, weil es einen so bösartig in Alterskategorien zwingt. Die Ü-13-Party (okay, das geht ja noch gerade.) … Die Ü-30-Party. Die Ü-60-Party! Aber aus sicheren Quellen weiß ich, dass sich wirklich viele Leute bei einer solchen Party über den Weg gelaufen und später ein Paar geworden sind. Denn auch hier gilt, dass das Tanzen nur ein Vorwand ist, um sich dem anderen Geschlecht anzunähern. Aber natürlich macht Tanzen auch super viel Spaß und lockert die Stimmung. Und bei der Wahl, in welche Gruppe man sich einteilt, ist man ja doch offen. Also rein ins Getümmel!

Social Media

Nicht wenige Menschen treffen sich heute auch über Social Media. Man checkt die Facebook- und Instagram-Profile, zumindest diejenigen, die öffentlich sind. Oder man tritt Gruppen bei, die bestimmte Interessen vertreten, wie zum Beispiel der Jagd-Gruppe, der örtlichen Flohmarkt-Gruppe oder der Veganes-Kochen-Gruppe. Dort kann man dann anfangen, sich mit einzelnen Mitgliedern auszutauschen, und irgendwann kann man ja auch vorschlagen, dass man dem gemeinsamen Hobby auch gemeinsam nachgeht. Ich persönlich würde aber dazu raten, mich vor Profilen in Acht zu nehmen, die ganz offensichtlich nur auf Partnersuche ausgelegt sind. Aber das erkennt man ja mit Leichtigkeit.

Onlinedating –
gewusst wie

Ja, ich komme zum Onlinedating. Das habt ihr euch natürlich schon gedacht, dass das Nr. 99 wird. Das böse Wort, das es eigentlich in diesem Buch zu vermeiden galt. Aber ich wäre unrealistisch, wenn ich nicht akzeptieren würde, dass sich hier großes Potenzial bietet. Und es wäre unangebracht, nicht mit euch darüber zu reden. Aber bitte folgt den Spielregeln.

1. Schaut euch die Portale gut an und lest auch Bewertungen und Erfahrungsberichte: Alle Portale haben andere Ausrichtungen, sprechen andere Zielgruppen an und gehen anders vor. Tinder beispielsweise kostet kein Geld, man stellt einige Fotos ein und dazu,

wenn man mag, einen sehr kurzen Text. Onlinedating-Portale wie Parship oder Elitepartner stellen ihren Mitgliedern erst sehr viele Fragen und basteln daraus ein Persönlichkeitsprofil, das dann anhand eines Algorithmus mit anderen Persönlichkeitsprofilen gematcht wird. Und nur diese Profile sieht man auch. Man kann allerdings das Profil, das die anderen zu Gesicht bekommen, selbst gestalten. Richtig interessant finde ich auch gleichklang.de, wo sich alternativ gesinnte Menschen treffen, die etwa vegan oder vegetarisch leben. Auch hier mit Algorithmus.

2. Wählt euren Nickname, also den Namen, unter dem euer Profil angezeigt wird, sorgfältig. »Einhorn 1972«, der »Frauenversteher« oder »dicke_Hose« lassen natürlich sofort erkennen, wes Geistes Kind die betreffenden Profilbesitzer sind. Das ist ja auch gut so, aber wenn der Nickname nicht wirklich für euch steht, ist er schlecht gewählt und irreführend.

3. Das Profil, das ihr anlegt, ist euer Aushängeschild. Gebt euch Mühe. Niemand interessiert sich für Fotos, auf denen irgendwo im Hintergrund in Reihe 73 in winziger Größe der Mensch abgebildet ist, um den es geht. Oder der aus 100 Metern Entfernung aufgenommen wurde. Oder der eindeutig seinen Arm um seinen Ex-Partner schlingt, der fürs Foto abgeschnitten wurde. Gebt euch Mühe. Ihr wollt den Partner fürs Leben finden! Und versucht, mit den Bildern wirklich eurer Persönlichkeit gerecht zu werden. Wer nur Fotos zeigt, die beim Sport aufgenommen wurden, vermittelt seinem Gegenüber, dass er eben nur Sport macht. Sollte er sich auch für Kunst oder Musik interessieren, könnte man ein Foto hinzunehmen, das einen in ebendiesem Kontext abbildet. Und formuliert auch eure Texte vorsichtig. Zu viele Fehler und zu viele Emoticons sind gruselig! Übrigens auch in den Nachrichten, die ihr dann mit potenziellen Partnern schreibt. Ein Smiley ab und an ist ja ganz nett, aber das sollte nicht überhandnehmen. Wir sind schließlich

keine Analphabeten und können unseren Gefühlen auch noch auf andere Weise Ausdruck verleihen als durch Emoticons. Und natürlich dürft ihr euer Profil etwas aufhübschen. Das würde man ja auch machen, wenn man sich einen Job sucht. Aber lügen geht nicht. Auch nicht beim Alter!

4. Schreibt euch nicht zu lange. Und schreibt nicht zu lange Nachrichten. Niemand möchte ewig lange Texte von jemandem lesen, den er gar nicht kennt. Und wenn, dann führt das in den allermeisten Fällen in die Irre: Denn dann strickt sich der Lesende ein Bild, das mit der Wirklichkeit garantiert gar nichts zu tun hat, und deswegen kann das Ganze nur zu Enttäuschungen führen. Schreibt ein bisschen hin und her, seid locker, seid witzig, verzichtet weitgehend auf Ironie, denn die versteht in schriftlicher Form kaum jemand, und trefft euch dann auf einen Kaffee! Wenn das nicht in höchstens sieben Tagen passiert ist, lasst das Ganze bleiben. Dann habt ihr nämlich jemanden, der in der virtuellen Blase lebt und der nie einen wirklichen Schritt auf euch beziehungsweise auf eine ernsthafte Beziehung zumachen wird.

5. Achtet einmal darauf, wann die Nachrichten verschickt werden. Wer vormittags viel schreibt, ist entweder Freelancer mit wenig Aufträgen oder arbeitslos. Wer vor allen Dingen nachts chattet, hat vielleicht den sexuellen Notstand? Seid einfach kritisch!

6. Nicht verzweifeln! Selbst die Single-Börsen schätzen, dass nur 30 bis 40 Prozent der Teilnehmer bei der Partnersuche Erfolg haben. Und auch das passiert nicht von heute auf morgen. Wenn im Frühling damit geworben wird, dass man den Sommer zu zweit verbringen wird, dann ist das schlichtweg Betrug.

7. Und schaut euch die TED-Talks an. Ich bin ja sowieso ein großer Fan von denen, aber die Beiträge, die es zum Onlinedating gibt, sind

wirklich absolut großartig. Zum Beispiel die von Amy Webb, Christian Rudder oder Christina Wallace. Sie erklären sehr anschaulich, wie sie vorgegangen sind, wie die Algorithmen funktionieren und welche Regeln sie sich selbst aufgestellt haben, um erfolgreich zu sein.

»Im Netz ist man halt trotz allem anonym.«

Christine Stegmann, hat ihren Partner über eine Partnervermittlung kennengelernt und ist heute Geschäftsführerin einer solchen.

Vielleicht können Sie ganz kurz erklären, was eine Partnervermittlung genau macht.
In der Kurzform: nicht digital. Im Endeffekt geht man zu einer Partnervermittlung und führt zu Beginn ein persönliches Kennenlerngespräch, das sogenannte Erstgespräch, um daraus zu eruieren, was man möchte, was eine Partnerschaftsvermittlerin für einen tun kann und was überhaupt die Wünsche, die Bedürfnisse, Wertevorstellungen etc. sind. Dabei stellt man auch ganz schnell fest, ob man sich sympathisch ist. Auf dieser persönlichen Ebene ist es einfach wichtig, dass man sich zumindest akzeptiert und Vertrauen zueinander fasst. Das braucht man online nicht.

Was ist der Unterschied zu digitalen Dating-Portalen?
Der große Unterschied ist einfach, dass man sich in der Partnervermittlung persönlich gegenübersitzt. Das heißt, ich kann die Person wahrnehmen. Ich glaube, der große Unterschied zwischen analog und digital ist auch, dass bei uns das Bauchgefühl mitzählt und nicht der Computer-Algorithmus, wie das heute fast überall – außer bei Tinder vielleicht – vonstattengeht. Manche brauchen oft

Monate, bis sie sich dafür entscheiden, zu einer Partnervermittlung zu gehen.

Mit welchen Schwierigkeiten haben Sie zu kämpfen?

Viele sehen eine Partnervermittlung leider als privates »Joinment« an. Es gibt manche, die rufen um 22.30 Uhr an. Bei einer anderen Dienstleistung würde man das niemals tun. Das heißt: »Du stehst 24 Stunden für mich zur Verfügung, egal wieviel ich zahle. – Und wenn ich ein Angebot, wenn ich einen Partner möchte, dann aber sofort, nicht erst übermorgen!« Ich glaube, das ist das Schwerste: Den Menschen, auch schon im Erstgespräch, klarzumachen, dass Geduld einer der größten Bausteine in der Partnersuche ist. Und es scheint so, als hätten die Menschen durch die ständige Online-Erreichbarkeit und Verfügbarkeit ihre Geduld ein wenig verloren, ich denke auch hier liegt eine der großen Schwierigkeiten.

Sind das also die, die »online-geschädigt« sind?

Nein, das nicht, aber ich denke, wir sind generell online-geschädigt. Ich merke das auch an mir selbst: Ich bin viel ungeduldiger als früher. Wenn ich was bestelle, dann ärgere ich mich schon, wenn es mal fünf Tage dauert. Das geht ja schon seit Jahren so. Ich glaube deshalb, dass das nichts per se mit Onlinedating zu tun hat, sondern damit, dass Ware und Menschsein heutzutage vermischt wird. Und ich glaube auch, dass das eine generelle Gefahr ist. Das betrifft auch die Suche nach dem perfekten Partner. Vielleicht finde ich online den perfekten Schuh, aber man wird kein perfektes Gegenüber finden.

Wonach suchen Frauen, wenn sie sich an eine Partnervermittlung wenden?

Gerade heute durch die Emanzipierung sind die Frauen sehr anspruchsvoll geworden. Sie brauchen den »Ernährer« nicht mehr – das frühere »Marketing-Pferd« des Mannes sozusagen. Also ist die Frage: Was bietet ein Mann? Das ist dann oft Sex, Liebe, Zärtlichkeit, aber auch Status und Aussehen. Viele fangen dann leider an, nach der besagten Perfektion zu suchen.

Der Trend geht auch immer mehr dahin, dass Frauen jüngere Männer suchen. Man darf sich ja auch gerne jugendlich fühlen, aber man muss trotzdem immer noch irgendwie im »normalen« Weltbild bleiben. Dass ein Mann, wenn die Frau 50 ist und er 40, vielleicht erst in der Kinderplanung steckt oder vielleicht erst heiraten will, das wollen manche gar nicht sehen, weil sie sich selbst noch so jugendlich fühlen. Klar, die Society lebt es uns vor mit den jungen Männern: Heidi Klum ist das beste Beispiel.

Klar, man sucht einen Partner für jemanden, aber wie darf man sich das vorstellen?

Nach dem Erstgespräch bekommt man eine Mappe mit, in der noch mal tiefer gehende Fragen gestellt werden. Einfach, weil man in einem einstündigen Gespräch nicht alles abdecken kann. Oft geht man ja heim und denkt sich: »Ach, das hätt ich jetzt noch fragen müssen, das hab ich jetzt vergessen ...« Manche kommen auch extrem gut vorbereitet, fast schon wie für ein Vorstellungsgespräch! Aber eigentlich möchte ich ja mehr die persönliche Seite sehen; die private Seite und eben nicht die Business-Seite.

Okay, dann füllt man einen Fragebogen aus, und dann überlegen Sie, wer passt?

Die möglichen Partner erhalten vorab eine Exposé, das auf einem Charakter- und Persönlichkeitstest basiert und die Eckdaten, Kontaktdaten und einen kurzen Text über die Person enthält. Allerdings arbeiten wir ohne Bilder, einfach um Vorurteile, Erwartungshaltungen, Wünsche etc. im Vorhinein auszuschließen. Das hat sich auch bewährt. Ich finde Bilder – zumindest in manchen Aspekten – nichtssagend. Der eine ist fotogener, der andere nicht so. Ich glaube, dass jeder Mensch eine gewisse Ausstrahlung hat, die auch attraktiv machen kann.

Viele sagen auch über Tinder etc.: »Ich hätte meinen Mann/meine Freundin nach links gewischt.«

Ich auch. Mein Mann ist attraktiv, keine Frage! Aber vom Bild her nicht mein Beuteschema, nicht mein Typ. Diesen inneren Scanner bauen wir von Kindheit an auf und den kann man auch nicht manipulieren. Deshalb glaube ich, dass ich persönlich in der Beziehungssuche nur erfolgreich durch eine Partnervermittlung sein konnte, weil dort mein innerer Radar, der bei der Männersuche unterbewusst immer eingeschaltet ist, von einer Person unterbrochen wird, die entscheidet, wen ich kennenlerne, nicht ich. Fakt ist: Das ist oftmals nicht der Typ Mann, den man selbst daten würde. Das hat sich auch bei meinem Mann bewahrheitet: Aber ich habe mich trotzdem in ihn verliebt. Eigentlich sind oft die Menschen, nach denen man sich vielleicht nicht umdreht, nach denen man nicht sucht, genau die Menschen, die zu einem passen.

Woran liegt es denn eigentlich, dass Partnerschaftsvermittlungen vielleicht gar nicht so auf dem Schirm der Leute sind? Weil man denkt, das machen nur reiche, ältere Menschen, wie ich das bis eben dachte?

Ich glaube, weil das ein sehr diskretes Thema ist und man deshalb nicht so gut damit werben kann. Parship ist da einfacher, ja. Das Problem ist, die wenigsten geben zu, dass sie in einer Partnervermittlung sind. Das heißt, darüber redet man auch nicht mit Freunden oder Verwandten. Deshalb hat man auch kaum Streueffekte. Im Gegensatz dazu ist es fast schon ein Must-have, bei Tinder zu sein. Im Netz ist man halt trotz allem anonym. Und ich glaube, deswegen kennen das viele gar nicht.

Eine Freundin hat mir das Interview mit Ihnen in der Süddeutschen Zeitung ausgeschnitten und gesagt, »da solltest du eigentlich hingehen. Da ist mir überhaupt erst bewusst geworden, dass es das ja auch noch gibt! Und dann haben meine Eltern ge-

sagt: »Früher, da haben die und die sich über eine Partnerschafts-vermittlung kennengelernt ...«

Da war das viel selbstverständlicher. Und es war wirklich komplex! In den 60er-Jahren gab es ja noch kein Telefon in jedem Haushalt, deshalb musste man Briefe schreiben. Wenn es anonym bleiben sollte, hat diese die Vermittlerin ausgetauscht. Bis die sich dann endlich getroffen haben, vergingen halt mal ein, zwei Monate. Das war normal!

Da war die Geduld noch da. Und heute? Sie entscheiden tatsächlich anhand des Fragebogens und ihrem Bauchgefühl wie es weitergeht?

Da spielt natürlich vieles eine Rolle: Menschenkenntnis, berufliche Erfahrung, zwischenmenschliches Gespür; auch Kriterien, also gerade zwischen 30 und 40 sind dann Heiraten, Kinder etc. Key Facts, die man auf jeden Fall beachten muss.

Was unterscheidet den Fragebogen von einem Algorithmus?

Viele glauben ja, dass die Resultate, die der Computer-Algorithmus ausspuckt, an das angepasst oder nach dem rausgesucht werden, was ich angegeben habe. Da reden wir von Attraktivitätspunkten wie äußeres Erscheinungsbild, Alter, Größe ... Witzigerweise rechnet beispielsweise der Algorithmus von Parship nur vier Prozent davon ein, also die haben ja auch schon dazugelernt.

Aber Onlinedating, gerade wenn man sich diese Fragebögen ansieht, die sehr umfassend sind, das ist natürlich unglaublich anstrengend und zeitintensiv. Der Großteil belügt sich da dann auch selbst bei den Fragen, das muss man schon auch sagen. Rauchen Sie? Trinken Sie? Selbst wenn, da wird schnell mal Nichtraucher oder Gelegenheitsraucher angegeben, weil man natürlich weiß, womit man besser fährt. Oder auch, dass die mondäne Loft-Wohnung natürlich besser zieht als das Haus am Land. Oder Altersklasse, oder, oder.

Da repräsentiert man sich halt auch nicht wahrheitsgetreu, wie soll dann aber was Wahres dabei rauskommen, wenn du nicht 100 Prozent ehrlich bist? In dem Moment, wo man diese Bögen ausfüllt, möchte man halt auch lügen, weil man dieses ideale Selbstbild bestmöglich repräsentieren will. Da werden die Antworten so platziert, dass sie für die Öffentlichkeit taugen. Aber im Endeffekt ist und bleibt es eine Lüge. Und es ist ja generell viel Zufall dabei, wenn man sich Tinder und Co. ansieht. Ich weiß nicht, ob es bei uns weniger Zufall ist, aber auf jeden Fall ausgewählter, sicherer und ehrlicher.

Eigentlich brauche ich Sie ja auch gar nicht fragen, ob Sie noch einen Tipp haben, wo man jemanden kennenlernt?
Ich glaube einfach, dass man wieder mal ein bisschen den Blick erweitern muss und sich umsehen. Sich die Leute ansehen und nicht nur am Telefon hängen. Das ist ja auch das Problem in der heutigen Zeit, man ist in seinem Käfig so ein wenig gefangen. Bestes Beispiel sind natürlich auch die öffentlichen Verkehrsmittel, dass da noch wer kommuniziert, ist selten. Ich glaube das ist mitunter ein Grund, warum sich Leute heutzutage auch gar nicht mehr begegnen können.

Haben Sie noch einen Ratschlag?
Ich glaube ja, es gibt zwar keinen direkten Schlüssel oder perfekten Ratschlag. Aber ein wichtiger Punkt für eine langjährige Beziehung ist die offene Kommunikation als Paar – und das dauerhaft. Denn Offenheit und Ehrlichkeit bewähren sich immer.

DAS HAPPY END?

Und jetzt, an dieser relativ unauffälligen Stelle im Buch, kommt die Antwort. Denn natürlich fragt ihr euch, seit ihr das Buch gesehen und gekauft habt, ob ich Erfolg hatte, nicht wahr? Ob ich einen Mann gefunden habe? Zugegebenermaßen ging es nicht ganz so schnell, wie erhofft. Und auch nicht so glatt.

Aber jetzt entwickelt es sich. Langsam, vorsichtig, aber großartig. Wir sind uns in einer Münchner Buchhandlung über den Weg gelaufen. Er hat mich angesprochen!!! Aber nervig. Ich wollte gerade eine Neuübersetzung von *Anna Karenina* kaufen, als er sich abfällig darüber äußerte, wie man SOWAS denn lesen könne. Es folgte ein sehr kurzer Schlagabtausch. Ich stehe nicht auf Männer, die Tolstoi nicht schätzen. Dachte ich. Wir sind uns dann tatsächlich noch zweimal über den Weg gelaufen, einmal auf der Straße, wo es bei einem kurzen Zunicken blieb, und ein drittes Mal in ebenjenem Buchladen.

Okay, ich bin dort dauernd. Und er offenbar auch. Bei der dritten Begegnung kam ich nicht umhin zu sagen, dass er ja offensichtlich kein Tolstoi-Fan sei, aber doch ein Bücher-Fan. Und da kamen wir wirklich ins Gespräch. Und dann kam der entscheidende Satz. Oder vielmehr das entscheidende Wort: »Kaffee?« Er ist Kunsthistoriker und mag nur einfach keine Literatur, die wenig mit unserer Lebenswirklichkeit zu tun hat. Aber das werde ich ihm auch noch klarmachen, dass Lebenswirklichkeit oft fern von Fakten ist …

Und ein kleines Literaturverzeichnis
von wirklich nützlicher Single-Literatur:

Interessant ist übrigens, was für Bücher erscheinen, wenn man bei Amazon mal »Single« eingibt. In erster Linie Kochbücher. Dazu sehr eindeutige High Heels und Reiseführer nach Barcelona und Paris. Dann die ganzen Bücher, was man an sich ändern kann, um endlich einen Partner zu finden. Und dazwischen meines Erachtens ganz wenige, die einen wirklich trösten oder wirklich gute Handlungsanweisungen geben. Diese wenigen seien hier genannt… (Entschuldigt, liebe Kollegen und andere Verlage, aber es liegt in den allermeisten Fällen nicht an einem selbst, dass man noch keinen Partner gefunden hat, sondern daran, dass einem noch nicht der richtige Mensch über den Weg gelaufen ist!)

Fürs Vergnügen

»A Single Woman: Ein Plädoyer für Selbstbestimmung und neue Glückskonzepte« von Silvia Follmann
Für die Damen: Falls ihr euch doch entscheidet, Single zu bleiben, oder einfach für die Zeit, bis ihr euren Partner gefunden habt, oder einfach, um ein geistreiches Buch zu lesen.

»Single – na und?: Sich wohlfühlen und mehr vom Leben haben« von Ruth Knaup
Leichte Lektüre, wenn sich die negativen Seiten des Single-Lebens mal breitmachen.

»Ich bin Single, Kalimera« (Herbert, Band 1) von Friedrich Kalpenstein
Leichte Strandlektüre, auch für Männer, die sich nicht so ernst nehmen, über einen spießigen Bayern im Single-Urlaub in Griechenland. Weitere Bände folgten.

»Beziehungsstatus: Ich mag Kekse: Keine Anleitung zum Single-sein« von Rebekka Gohla
Wirklich lustig und ermutigend.

(Während ich diese Liste schreibe, fällt mir auf, dass es echt keine Bücher für Männer gibt, damit sie besser mit ihrem Single-Leben klarkommen. Weil Männer nicht lesen? Weil sie leichter damit klarkommen? Oder weil die Gesellschaft eben tatsächlich davon ausgeht, dass es Männern leichter fällt? Wir kommen zum nächsten Titel, der sich eben damit auseinandersetzt …)

Zum Nachdenken

»Weiblich, ledig, glücklich – sucht nicht: Eine Streitschrift« von Gunda Windmüller
Nennt sich zu Recht Streitschrift, regt aber wirklich auf gute Weise zum Nachdenken an: Warum brauchen Frauen eigentlich einen Partner, Männer aber nicht immer, und wieso sind eigentlich so viele Menschen Singles?

Zum Handeln

»Auf Männerfang« von Christiane Hagn
Wirklich witzig. Und einiges davon sollte man einfach nach-machen. Einiges. Nicht alles.

»Klartext für Männer – Was Frauen wirklich wollen. In 10 Schritten zum Erfolg. Der ultimative Ratgeber für das starke Geschlecht« und »Klartext für Frauen: Wie man Männer anzieht, auszieht und glücklich macht« von Nina Deißler
Von all diesen Dating-Coaches ist sie mir die Liebste, weil sie

wirklich mit beiden Beinen im Leben steht und Menschen respektiert. Und das schreibe ich nicht, weil wir im selben Verlag veröffentlichen. Aber in den zwei Büchern gibt es wirklich gute Anleitungen, wie man sich in bestimmten Situationen verhalten soll, was man machen kann, wenn man schüchtern ist oder aufgeregt.

Danke!

Meiner Familie und meinen Freunden fürs Mitdenken, Zuhören und Diskutieren: Laura, Sandra, Gritje, Herrn Kamp, Manuel, meinen Eltern und meinen Töchtern Dania, Génèse und Cynthia.

Meinen KollegInnen Charlotte, Christina, Dirk, Jasmin, Julia, Nadine, Simon, Steffi, Vanessa und Victoria für das professionelle »Unter-die-Fittiche-Nehmen« dieses Werks!

Meinem Agenten Martin Brinkmann (das wollte ich schon immer mal schreiben!) für die Vermittlung und die Betreuung dieses Projekts sowie Oliver Schwarzkopf, Ulrike Bauer und Daniel Spitzer von Schwarzkopf & Schwarzkopf, weil sie sich auf mich eingelassen haben, und zwar mit viel Geduld und Humor.

Dem besten Italienischkurs von allen: Nadine, Julia, Marika, Nike, Hans und Mathias, weil ihr mich stets ans analoge Leben glauben lasst, und außerdem für viele wertvolle Tipps!

Allen Interview-Partnern.

Und allen Männern, die ich bei der Recherche für dieses Buch kennengelernt habe, insbesondere dem Informatiker im Restaurant in den Hackeschen Höfen, dem Opernbesucher bei Brenners, H., dem Guru, dem Anwalt für Menschenrechte, dem Schwabinger Taxifahrer und allen meinen Onlinedates, die alle offen und humorvoll mit mir über Onlinedating gesprochen haben, was zu bahnbrechenden Erkenntnissen führte.

Quellen

1   Die Zahlen listete unter anderen der *Tagesspiegel* im Februar 2018 auf: www.tagesspiegel.de/gesellschaft/panorama/neue-er-hebung-berlin-nicht-mehr-spitzenreiter-bei-singlehaushalten/20960912.html

2   Siehe hierzu den hervorragenden Artikel von Irene von Harden-berg: www.wissenschaft.de/allgemein/singles-sterben-frueher/

3   GEO, Nr. 58, 2016 (»Wie das Internet unsere Gefühle verän-dert«), online unter: https://shop.geo.de/geo-wissen-mit-dvd-br-nr-58-2016-br-liebe.html

WIR SOLLTEN UNS KENNENLERNEN!

EINE ZU 99 % WAHRE GESCHICHTE ÜBER MEINE
ATEMBERAUBENDE PARTNERSUCHE NACH DER SCHEIDUNG

WIR SOLLTEN UNS KENNENLERNEN!
EINE ZU 99 % WAHRE GESCHICHTE ÜBER MEINE
ATEMBERAUBENDE PARTNERSUCHE NACH DER SCHEIDUNG
Von Jörg ter Veer
352 Seiten, Premium-Paperback
ISBN 978-3-942665-28-5 | Preis 12,99 €

Die Online-Partnersuche boomt: Inzwischen werden mehr Beziehungen via Internet angebahnt als im richtigen Leben.

Auch Jörg ter Veer hat nach gescheiterter Ehe einen Neuanfang gewagt und schildert mit erfrischender Selbstironie seine persönliche Lernkurve in Sachen Online-Dating. »Es wird spannend!«, »Dürfen wir Sie einander vorstellen?«, »Wir sollten uns kennenlernen!« – mit diesen Betreffzeilen fischte der Autor zeitweise täglich die Partnervorschläge seriöser Online-Portale aus seinem Account. Manche Kontakte begannen vielversprechend, und aus einigen wurden sogar Begegnungen im richtigen Leben. Meist nett und sympathisch, zeitweise berührend, manchmal erschütternd. Dieses Buch ist ein leidenschaftliches Plädoyer dafür, warum wir für das eigene Happy End wirklich alles in die Waagschale werfen sollten.

MILF-MÄDCHENRECHNUNG

WIE SICH FRAUEN HEUTE ZWISCHEN FUCKABILITY-ZWANG UND KINDERSTRESS AUFREIBEN

MILF-MÄDCHENRECHNUNG
WIE SICH FRAUEN HEUTE ZWISCHEN FUCKABILITY-ZWANG
UND KINDERSTRESS AUFREIBEN
Von Katja Grach
256 Seiten, Klappenbroschur
ISBN 978-3-86265-697-4 | Preis 14,99 €

So schmeichelhaft die Bezeichnung MILF (Mother I'd like to fuck) für manch eine sein mag, die gerade erst Schwangerschaftshängebauch und Spuckflecken auf der Schulter überwunden hat, so bitter ist ihr Nachgeschmack.

Nicht erst seit gestern mischen Kirche, Politik und Wirtschaft ordentlich mit, wenn es um weibliche Selbstbestimmung über Sexualität und Mutterschaft geht. Heute passiert die Sache nur viel subtiler als zu Zeiten der Hexenverbrennung. Katja Grach hat sich mit der Entstehung des Begriffes »MILF« als kulturelles Gütezeichen auseinandergesetzt und zeigt auf, wo sich die Grenzen zwischen Pop- und Pornokultur immer stärker vermischen.

Die Autorin will endlich mit den alten Klischees und Vorurteilen aufräumen und geht der Frage nach, wo für Frauen heute gesellschaftlicher Zwang beginnt und persönliche Freiheit endet.

HOW TO SURVIVE ALS FRAU AB 40

SO LEBEN SIE GLÜCKLICH MIT FALTEN, PFUNDEN UND ANDEREN ZUMUTUNGEN DES ÄLTERWERDENS

HOW TO SURVIVE ALS FRAU AB 40
SO LEBEN SIE GLÜCKLICH MIT FALTEN, PFUNDEN
UND ANDEREN ZUMUTUNGEN DES ÄLTERWERDENS
Von Dagmar da Silveira Macêdo
280 Seiten, Taschenbuch
ISBN 978-3-942665-42-1 | Preis 9,99 €

Ab 40 ist Älterwerden ein akutes Thema. Sie werden merkwürdige Veränderungen an Ihrem Körper und Ihrer inneren Einstellung wahrnehmen, und einige dieser Neuentdeckungen brauchen verdammt viel Mut.

Zum Beispiel, wenn Sie eines Morgens feststellen, dass Sie über Nacht zwei Kleidergrößen gewachsen sind oder dass eine unscheinbare Falte an Ihrem Hals beim Vorbeugen zur Truthahnhaut mutiert. Die Autorin zeigt selbstironisch, dass frau mit 40 keinesfalls zum alten Eisen gehört, sondern ganz im Gegenteil: Das Leben fängt erst jetzt richtig an. Mit 40 hat frau noch die Hälfte ihres Lebens vor sich und damit genügend Zeit und Energie, um das Ruder noch mal komplett herumzureißen: Start-up gründen, Kinder kriegen, Selbstverwirklichung und auswandern, neuen Partner finden, Marathon laufen – eine Frau ab 40 kann alles.

WIE LANG IST DIE EXTRAMEILE?

EINE UNTERNEHMENSBERATERIN MISST NACH
MIT ILLUSTRATIONEN VON JANA MOSKITO

WIE LANG IST DIE EXTRAMEILE?
EINE UNTERNEHMENSBERATERIN MISST NACH
MIT ILLUSTRATIONEN VON JANA MOSKITO
Von Charlie Kant
280 Seiten, Taschenbuch
ISBN 978-3-86265-698-1 | Preis 14,99 €

»Wie lang ist die Extrameile?« Das will Charlie Kant herausfinden und begibt sich in das Haifischbecken Unternehmensberatung. Als Extrameile werden im Beraterjargon jene letzten Meter bezeichnet, die die Spreu vom Weizen trennen, den »High Performer« vom »Low Performer«. Die Berater-Realität entpuppt sich für die Autorin schnell als eine skurrile »Bubble«, in der sogar eine eigene Sprache, der Beratersprech, existiert und in der kuriose Gestalten die Karriereleiter erklimmen. Doch Charlie wäre keine echte Unternehmensberaterin, wenn sie nicht die »Challenges« annähme, die ihr auf der Überholspur des Lebens begegnen.

Mit Humor und Selbstironie gewährt die Autorin einen Blick hinter die Kulissen der geheimnisvollen Welt der Unternehmensberater, indem sie die sonst mit kurioser Hochachtung betrachtete Branche kritisch seziert.

ANNE DREESBACH, geboren 1971 in München, ist Verlegerin, Historikerin, Autorin, Hunde- und Hühnerbesitzerin, Mutter von drei Töchtern und hat in ihrem Leben schon sehr viel geschrieben. Nachdem sie zweieinhalb Jahre Single war, kam sie nicht umhin, sich in den modernen Dating-Dschungel zu wagen, und als kritische Beobachterin aktueller gesellschaftlicher Entwicklungen lagen zwei Dinge für sie bald auf der Hand: bitte analog! Und: Darüber sollte jemand ein Buch schreiben!

Anne Dreesbach
LIEBE LIEBER ANALOG
99 Offline-Dating-Ideen

ISBN 978-3-86265-779-7

VERLAG
Schwarzkopf & Schwarzkopf Verlag GmbH
Kastanienallee 32, 10435 Berlin
Telefon: 030 – 44 33 63 00
Fax: 030 – 44 33 63 044

INTERNET | E-MAIL
www.schwarzkopf-schwarzkopf.de
www.facebook.com/schwarzkopfverlag
info@schwarzkopf-schwarzkopf.de